रेफ्रिजरेशन अँड एअर कंडिशन टेक्निशियन RACT द्वितीय वर्ष हिंन्दी MCQ

मनोज डोळे

Made with ♥ on the Notion Press Platform
www.notionpress.com

डिजिटाइजेशन समय की मांग है। भविष्य में, प्रशिक्षण को अधिक सुविधाजनक और आसान बनाने के लिए ऑनलाइन इंटरनेट का उपयोग करके औद्योगिक प्रशिक्षण संस्थानों में प्रशिक्षण आयोजित करने की आवश्यकता होगी। एमसीक्यू प्रश्नों के एक सेट वाली ई-पुस्तकें प्रशिक्षुओं को उपलब्ध कराई जाएंगी क्योंकि उन्हें अपने औद्योगिक प्रशिक्षण संस्थानों में होने वाली ऑनलाइन परीक्षाओं की तैयारी के लिए बहुविकल्पीय प्रश्नों एमसीक्यू के अधिक आदी होने की आवश्यकता है।

इन सब बातों को ध्यान में रखते हुए औद्योगिक प्रशिक्षण संस्थान सतारा के प्रशिक्षक श्री मनोज मधुकर डोले ने नई वार्षिक प्रणाली और एनएसक्यूएफ-5 पाठ्यक्रम के अनुसार पुस्तकें लिखी हैं। और उन्होंने प्रशिक्षण को आसान बनाने के लिए सैद्धांतिक मोबाइल ऐप और ब्लॉग बनाए हैं, और इन सभी शैक्षिक सामग्री को विश्व प्रसिद्ध वेबसाइटों Google Play Store, Amazon और Apple Book Store पर डाउनलोड के लिए उपलब्ध कराया है।

पुस्तकों का प्रकाशन माननीय सहसंचालक श्री राजेंद्र घुमे साहेब प्रादेशिक व्यावसायिक शिक्षण व प्रशिक्षण कार्यालय, पुणे द्वारा दिनांक 9/1/2019 को किया गया, इस समय श्री प्रकाश सहगवकर साहब प्राचार्य शासकीय औद्योगिक प्रशिक्षण संस्थान औंध पुणे, श्री तुकाराम मिसाल साहेब प्राचार्य सरकार प्र. संस्था सतारा, श्री सचिन धूमल साहब जिला व्यावसायिक शिक्षा एवं प्रशिक्षण अधिकारी सतारा, श्री यतिन परगांवकर साहब प्राचार्य शासन. Q. संस्था कोल्हापुर, श्री विकास टेक साहब इंस्पेक्टर वोकेशनल एजुकेशन एंड ट्रेनिंग रीजनल ऑफिस पुणे, पालेकर फूड्स प्रोडक्ट्स प्रा. लि. सतारा के उद्यमी अध्यक्ष श्री नीलकंठराव पालेकर साहब, हीरा फूड्स के अध्यक्ष श्री इब्राहिम बाबा तंबोली साहब, श्रीमती शाल्मली पवार मुख्याध्यापिका शासकीय तकनीकी विद्यालय केंद्र सतारा सहित अन्य गणमान्य व्यक्ति इस अवसर पर उपस्थित थे।

क्रम-सूची

प्रस्तावना

रेफ्रिजरेशन अँड एअर कंडिशन टेक्निशियन RACT द्विवतीय वर्ष

हिंन्दी MCQ आईटीआई कोर्स संशोधित एनएसक्यू एफ -5 पाठ्यक्रम के लिए एक सरल ई-बुक है , इसमें रेखांकित और बोल्ड सही उत्तरों के साथ वस्तुनिष्ठ प्रश्न शामिल हैं, जिसमें सभी विषयों को शामिल किया गया है जिसमें सर्विसिंग के बारे में नवीनतम और महत्वपूर्ण सभी शामिल हैं, अलग करना, विभिन्न प्रकार के वाणिज्यिक कंप्रेसर के विभिन्न भागों की जाँच करना, खराब हो चुके भागों को फिर से रखना, स्नेहन प्रणाली की जाँच करना। इकट्ठा करें और प्रदर्शन की जांच करें। विभिन्न प्रकार के वाटर-कूल्ड कंडेनसर की सर्विसिंग करें। कूलिंग टॉवर की सर्विसिंग और प्रदर्शन परीक्षण करें परिसंचारी पानी के सर्विसिंग, बैकवाश और पुन: उत्पन्न जल उपचार संयंत्र का संचालन करें। विस्तार वाल्व की फिटिंग करना, गर्मी भार के अनुसार शीतलक प्रवाह का समायोजन। बाष्पीकरणकर्ता और चिलर की सर्विसिंग करें। वाटर कूलर और डिस्पेंसर की सर्विसिंग और रेट्रोफिटिंग करना। सेवा, दृश्यमान कूलर और बोतल कूलर का रेट्रोफिट और परीक्षण प्रदर्शन। डीप फ्रीजर की सर्विसिंग करें और प्रदर्शन का परीक्षण करें। आइस क्यूब मशीन की स्थापना, सेवा, मरम्मत, गैस चार्जिंग और परीक्षण प्रदर्शन। आइस कैंडी प्लांट की मरम्मत, सर्विसिंग और रेट्रोफिट। आइस प्लांट और बाष्पीकरणीय कंडेनसर की सर्विसिंग करें। कूलर और कोल्ड स्टोरेज में चलने की सर्विसिंग और निवारक रखरखाव करना। साइकोमेट्रिक चार्ट का अध्ययन करें और साइकोमेट्रिक, एनीमोमीटर यानी डीबीटी, डब्ल्यूबीटी, आरएच, एयर फ्लो आदि का उपयोग करके साइकोमेट्रिक गुणों को मापें। विभिन्न एयर कंडीशनिंग सिस्टम में इस्तेमाल होने वाले मोटर और ब्लोअर की सर्विसिंग करें। विभिन्न वायु नलिकाओं के थर्मल और ध्वनिक इन्सुलेशन का निर्माण, स्थापित, पैक करें। विभिन्न प्रकार के एयर फिल्टर की सर्विसिंग और रखरखाव करना। एयर कूल्ड कंडेनसर के साथ पैकेज एसी पर सर्विसिंग, इंस्टॉलेशन, फॉल्ट डायग्नोसिस और उपचारात्मक उपाय करें।

हम प्रत्येक नए संस्करण के साथ नए प्रश्न उत्तर जोड़ते हैं। किसी भी त्रुटि/चूक के मामले में कृपया हमें ईमेल करें। यह यकीनन सभी इंजीनियरिंग बहुविकल्पीय प्रश्नों और उत्तरों के लिए सबसे बड़ी और सर्वश्रेष्ठ ई-बुक है।

एक छात्र के रूप में आप इसे अपनी परीक्षा की तैयारी के लिए उपयोग कर सकते हैं। यह ई-पुस्तक प्रोफेसरों के लिए सामग्री को ताज़ा करने के लिए भी उपयोगी है।

भूमिका

डीजीईटी नई दिल्ली और सीएसटीएआरआई कोलकाता अगस्त 2018 सत्र से आईटीआई में सभी व्यवसायों के लिए एक वार्षिक पैटर्न लागू कर रहे हैं। परीक्षा प्रणाली में भी बदलाव किया जाएगा और यह इस साल से ऑनलाइन हो जाएगी और चूंकि सभी प्रश्न वस्तुनिष्ठ प्रकार (एमसीक्यू) के हैं, इसलिए प्रशिक्षुओं को गहन अध्ययन की सख्त जरूरत है। इसे ध्यान में रखते हुए हमें पुराने NIMI पैटर्न पर आधारित पुस्तकें और नए वार्षिक पैटर्न का संपूर्ण अवलोकन प्रस्तुत करते हुए प्रसन्नता हो रही है, और हम आशा करते हैं कि ये पुस्तकें सभी व्यावसायिक निदेशकों और प्रशिक्षुओं के लिए एक मार्गदर्शक होंगी। है।

इन पुस्तकों को लिखने के लिए आईटीआई अकलुज के प्राचार्य जोहर अवाटे साहब ने कहा। आईटीआई सतारा सहगवकर साहब के पूर्व प्राचार्य, सहायक निदेशक श्री चंद्रकांत ढेकने साहेब क्षेत्रीय व्यावसायिक शिक्षा एवं प्रशिक्षण कार्यालय, पुणे, जिला व्यावसायिक शिक्षा एवं प्रशिक्षण अधिकारी सचिन धूमल साहेब एवं प्रधानाध्यापक शासकीय तकनीकी विद्यालय केन्द्र शाल्मली पवार मैडम एवं पुत्र अधिराज डोले, माता कुसुम डोले , मैं अपने पिता मधुकर डोले और पत्नी अश्विनी डोले को समय-समय पर उनके विशेष मार्गदर्शन और सहयोग के लिए बहुत आभारी हूं।

साथ ही, बहुत ही कम समय में श्री राजेन्द्र घुमे साहेब, संयुक्त निदेशक, व्यावसायिक शिक्षा और प्रशिक्षण क्षेत्रीय कार्यालय, पुणे द्वारा पुस्तक के प्रकाशन में उनके अमूल्य समय के लिए पुस्तक की समीक्षा की गई। मैं उनकी प्रतिक्रिया के लिए हृदय से आभारी हूँ।

पुस्तक लिखने की शुरुआत से ही निरंतर समर्थन के लिए मैं आईटीआई सतारा के प्रशिक्षक का आभारी हूं।

इस पुस्तक से, मैं खुद को धन्य मानता हूं कि मैंने आपके साथ ई-लर्निंग पर अपने विचार साझा किए। मैं यह दावा नहीं करूंगा कि यह पुस्तक पूर्ण है, क्योंकि पूर्णता को देखते हुए यह पुस्तक एक प्रयास है और अपनी शैशवावस्था में है। यदि उनका परीक्षण और सुझाव दिया जाए तो वे सुधार के लिए मूल्यवान होंगे।

मनोज डोले

दिनांक 9/1/2019

पावती (स्वीकृति)

21वीं सदी में औद्योगिक क्षेत्र में तेजी से बढ़ती मांग के अनुरूप बहु-कुशल कारीगरों की आपूर्ति के लिए व्यावसायिक शिक्षा और प्रशिक्षण विभाग के माध्यम से व्यावसायिक शिक्षा और प्रशिक्षण विभाग के माध्यम से व्यावसायिक शिक्षा और प्रशिक्षण प्रदान किया जाता है। संस्थानों के भीतर सभी व्यवसाय महत्वपूर्ण हैं, क्योंकि इन व्यवसायों के प्रशिक्षु उद्योग की मांगों के अनुसार बहु-कौशल विकसित करते हैं।

सभी व्यवसायों के लिए उपयुक्त एमसीक्यू ई-पुस्तकें उपलब्ध कराने के नेक इरादे से, यह देखते हुए कि औद्योगिक क्षेत्र के सभी उद्योगों में सभी परीक्षाएं ऑनलाइन आयोजित की जाती हैं और इसमें एमसीक्यू पद्धति के प्रश्न शामिल होते हैं। श्री मनोज मधुकर डोले ने नए वार्षिक पाठ्यक्रम के अनुसार एमसीक्यू पद्धति पर एक बहुत अच्छी ई-बुक लिखी है। यह ई-पुस्तक निश्चित रूप से सभी प्रशिक्षुओं, प्रशिक्षु उम्मीदवारों, प्रशिक्षण प्रशिक्षकों और अन्य संबंधितों के लिए एक मार्गदर्शक होगी।

पुस्तक के लेखक श्री मनोज मधुकर डोले, इंस्ट्रक्टर गॉव आईटीआई सतारा को 17 साल का प्रशिक्षण अनुभव है। एक नए वार्षिक पैटर्न के रूप में लिखी गई, यह ई-बुक प्रत्येक विषय के लिए लेआउट, सरल भाषा और सरल सिंटैक्स, आरेख और वीडियो को समझने के लिए आधुनिक डिजिटल क्यूआर कोड तकनीक को शामिल करती है। इसलिए मुझे विश्वास है कि यह ई-पुस्तक निश्चित रूप से गहन अध्ययन और परीक्षा अभ्यास के लिए उपयोगी होगी। उन्होंने जो कार्य किया है वह निश्चित रूप से काबिले तारीफ है।

श्री तुकाराम मिसाल

प्राचार्य शासकीय औद्योगिक प्रशिक्षण संस्था सातारा.

आमुख

हमारे औद्योगिक प्रशिक्षण संस्थानों की औद्योगिक प्रशिक्षण और सैद्धांतिक परीक्षा प्रणाली और इन परिवर्तनों को शिल्प प्रशिक्षकों और प्रशिक्षुओं द्वारा स्वीकार किया गया है। आपके औद्योगिक प्रशिक्षण संस्थानों में आयोजित सैद्धांतिक परीक्षाएं भी ऑनलाइन आयोजित की जाती हैं। चूंकि ये परीक्षाएं बहुविकल्पीय एमसीक्यू पद्धति की हैं, इसलिए प्रशिक्षुओं को ऐसे प्रश्नों का अधिक अभ्यास करने की आवश्यकता होगी।

इन सब बातों को ध्यान में रखते हुए श्री मनोज मधुकर, निदेशक, डोले क्राफ्ट्स, कटारी औद्योगिक प्रशिक्षण संस्थान, सतारा, ने नई वार्षिक प्रणाली और NSQF-5 के अनुसार, गहन अध्ययन किया है और अपनी मेहनत से और अपनी गहरी बुद्धि को जोड़ा है। पाठ्यक्रम, कटारी और अन्य मशीन ट्रेडों की ई-बुक। -बुक) और उन्होंने प्रशिक्षण को आसान बनाने के लिए सैद्धांतिक विषयों पर मोबाइल ऐप और ब्लॉग बनाए हैं और इन सभी शैक्षिक सामग्री को विश्व प्रसिद्ध वेबसाइटों Google Play Store, Amazon और Apple Book Store पर डाउनलोड के लिए उपलब्ध कराया है। प्रिंट संस्करण बनाकर और क्यूआर कोड जैसी उन्नत तकनीकों का उपयोग करके प्रशिक्षण को आसान बना दिया गया है।

ये सभी शैक्षिक सामग्री निश्चित रूप से सभी प्रशिक्षुओं के लिए गहन अध्ययन के लिए और शिल्प प्रशिक्षकों और अन्य संबंधितों के लिए एक मार्गदर्शक होगी जो व्यावसायिक प्रशिक्षण प्रदान कर रहे हैं।

1

रेफ्रिजरेशन अँड एअर कंडिशन टेक्निशियन RACT द्वितीय वर्ष हिंन्दी QR Code Images

Download App
Online Test Exam
ITI Books
AutoCAD CAM
JOB & Apprentice
Online Theory
Computer Course
Trading Course
CNC Course
MSCIT Course
Shopping Business
Internet Business
Web Designing
Online Services
Top Sportsmans
Indian Army
Freedom Fighters
Top Scientists
Social Reformers
Motivational Speaker
Top Richest People
Join WhatsApp Group
Join Facebook Group
Like Facebook Page
PAN / Adhar / Licence Passport

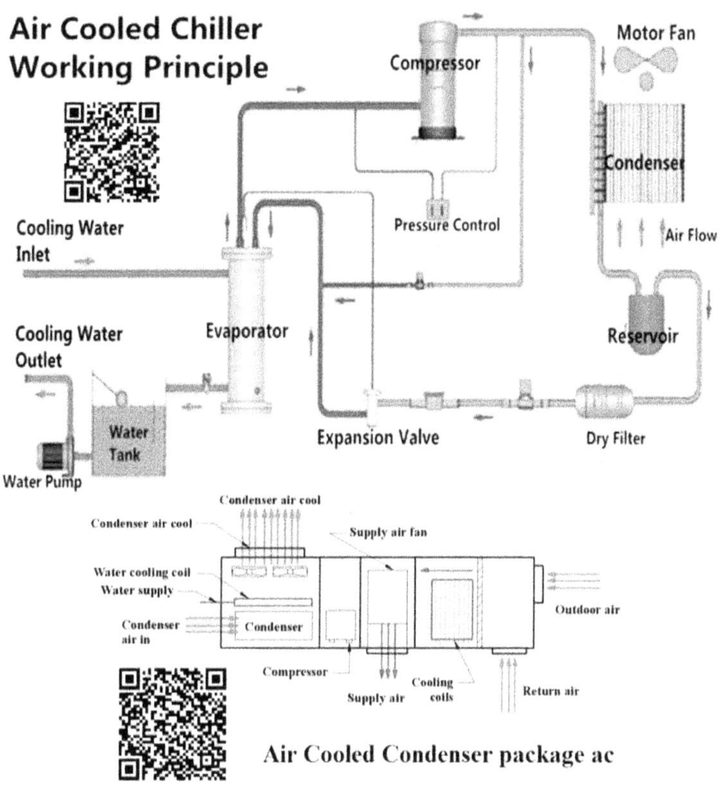
Air Cooled Chiller
Working Principle
Compressor
Motor Fan
Condenser
Pressure Control
Air Flow
Cooling Water
Inlet
Evaporator
Reservoir
Cooling Water
Outlet
Water
Tank
Water Pump
Expansion Valve
Dry Filter
Condenser air cool
Condenser air cool
Supply air fan
Water cooling coil
Water supply
Condenser
air in
Condenser
Outdoor air
Compressor
Supply air
Cooling
coils
Return air
Air Cooled Condenser package ac

WATER COOLER PARTS IDENTIFICATION

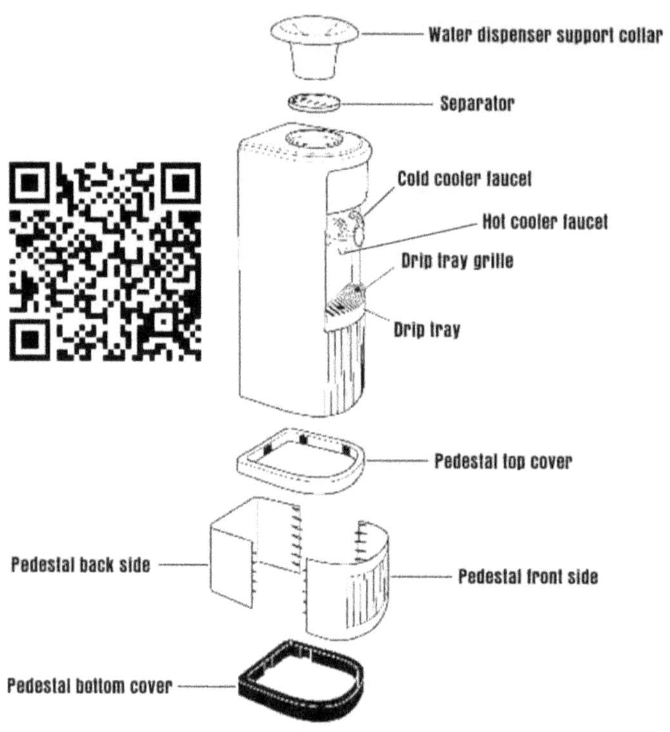

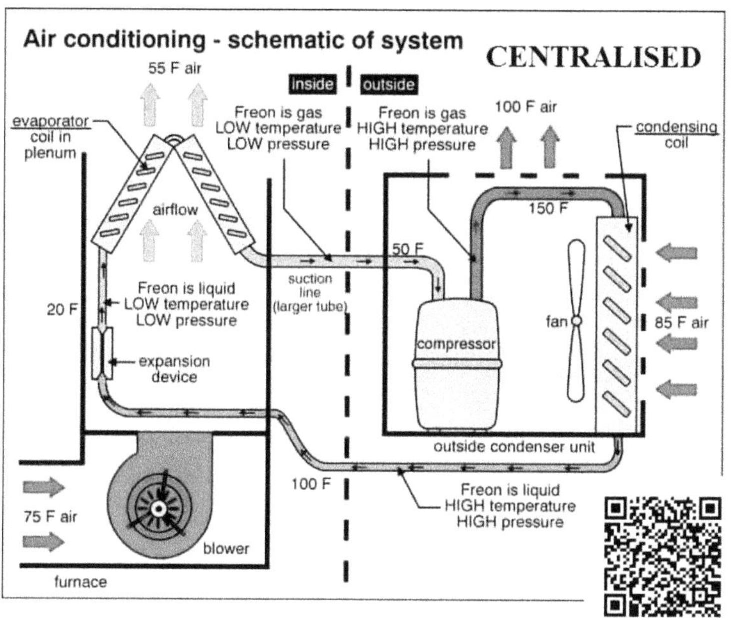
Air conditioning - schematic of system
CENTRALISED
55 F air
inside
outside
evaporator
coil in
plenum
Freon is gas
LOW temperature
LOW pressure
Freon is gas
HIGH temperature
HIGH pressure
100 F air
condensing
coil
150 F
airflow
50 F
suction
line
(larger tube)
20 F
Freon is liquid
LOW temperature
LOW pressure
fan
85 F air
compressor
expansion
device
outside condenser unit
100 F
Freon is liquid
HIGH temperature
HIGH pressure
75 F air
blower
furnace

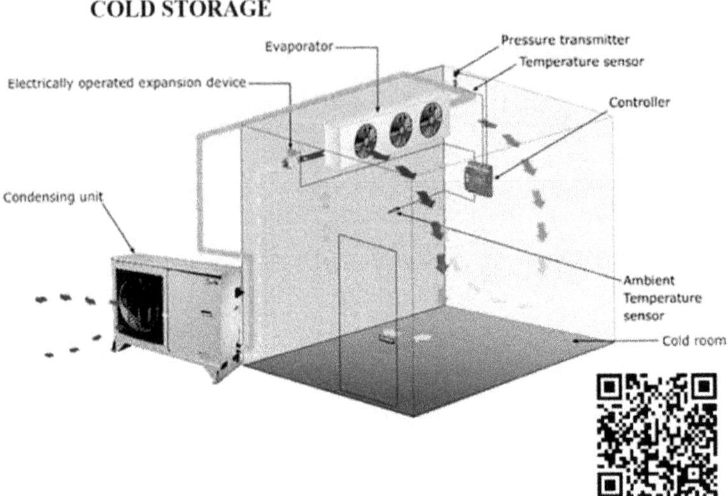
COLD STORAGE
Evaporator
Pressure transmitter
Temperature sensor
Electrically operated expansion device
Controller
Condensing unit
Ambient
Temperature
sensor
Cold room

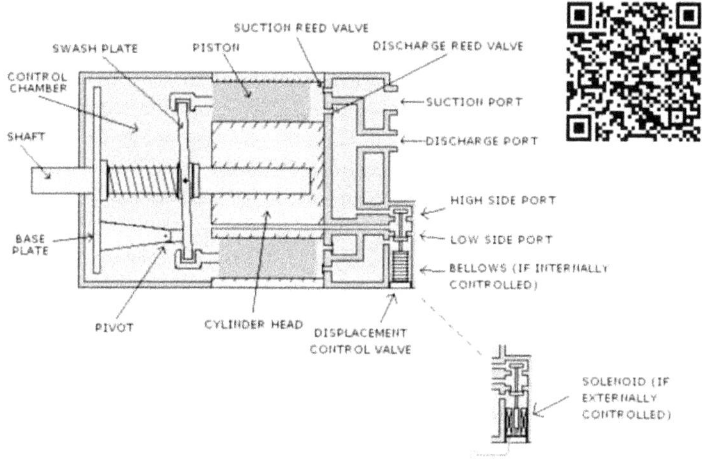

INTERNAL STRUCTURE OF VARIABLE DISPLACEMENT COMPRESSOR

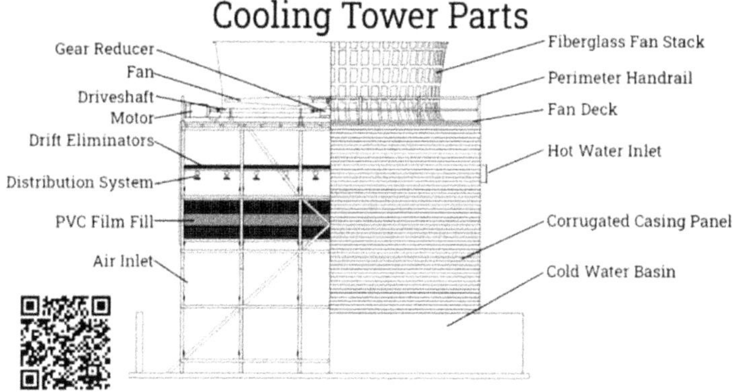

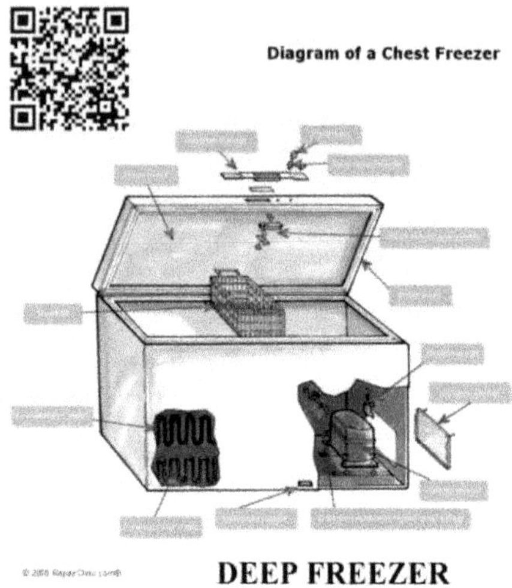

DEEP FREEZER

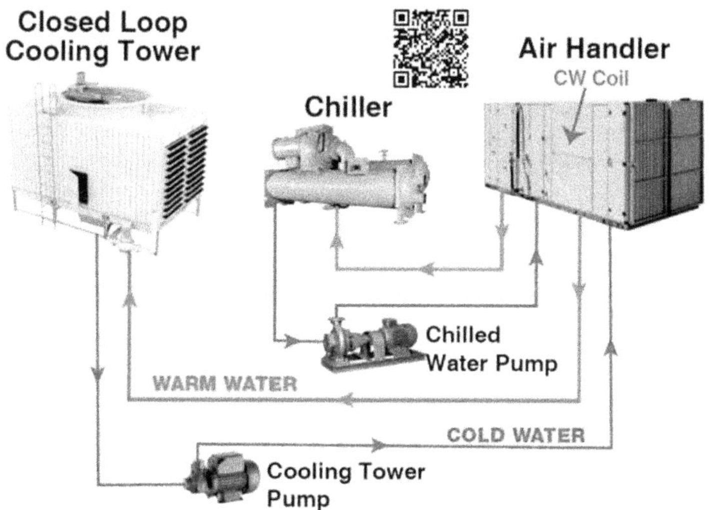
DIRECT SYSTEM
Closed Loop
Cooling Tower
Air Handler
CW Coil
Chiller
Chilled
Water Pump
WARM WATER
COLD WATER
Cooling Tower
Pump

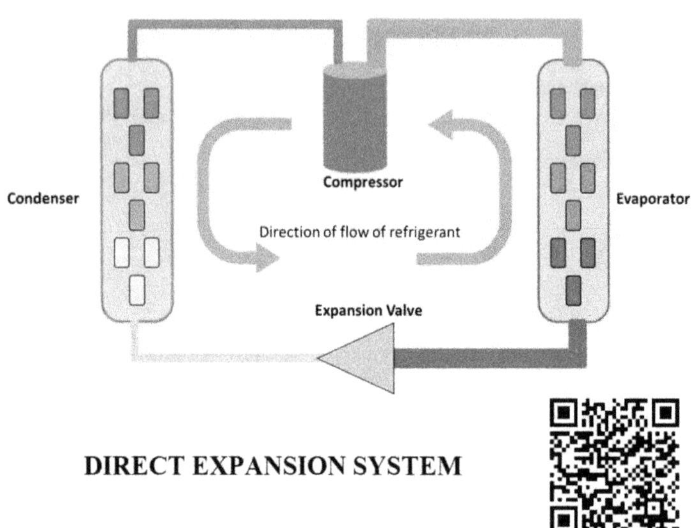

DIRECT EXPANSION SYSTEM

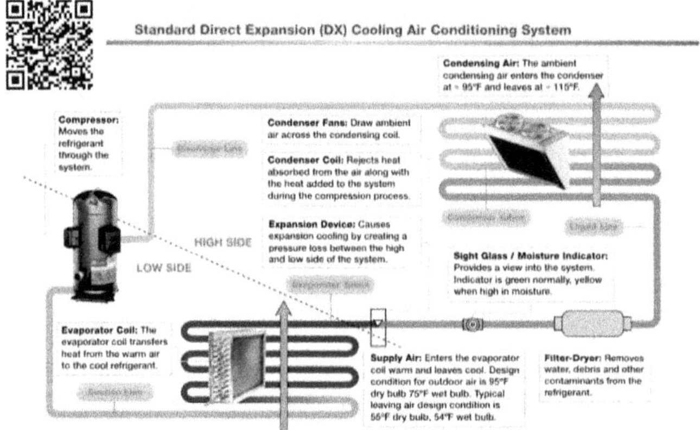

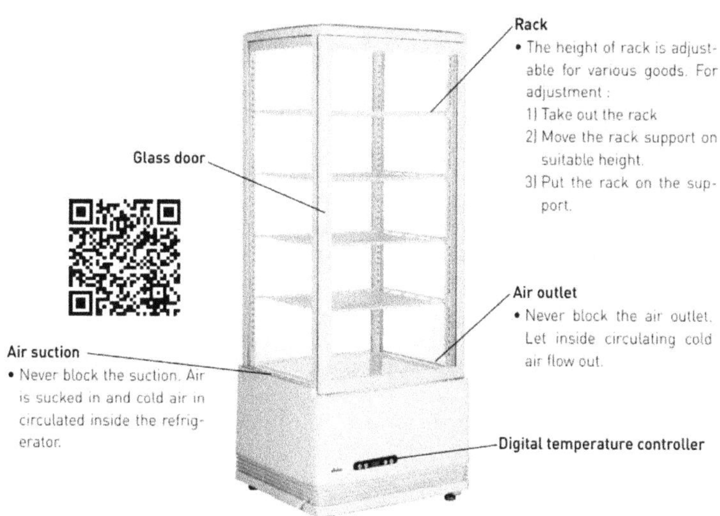

DISPLAY CABINET

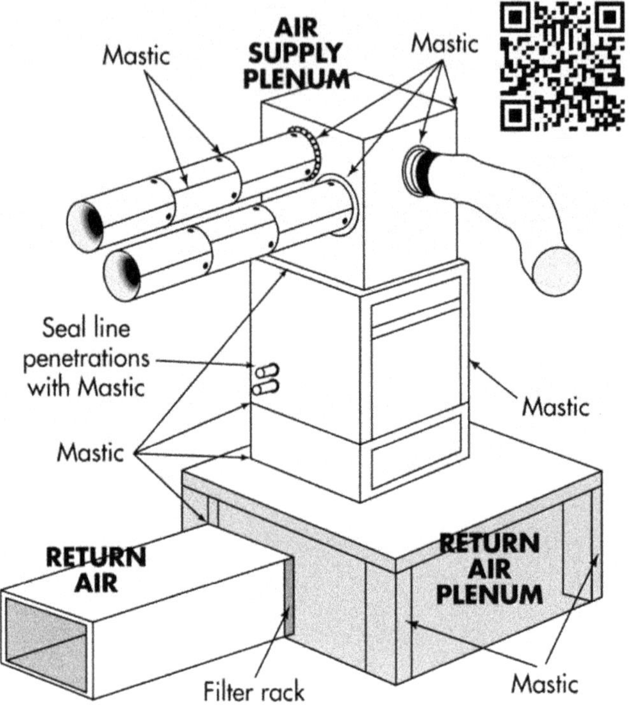
Air Handler DUCT
AIR
SUPPLY
PLENUM
Mastic
Mastic
Seal line
penetrations
with Mastic
Mastic
Mastic
RETURN
AIR
RETURN
AIR
PLENUM
Filter rack
Mastic

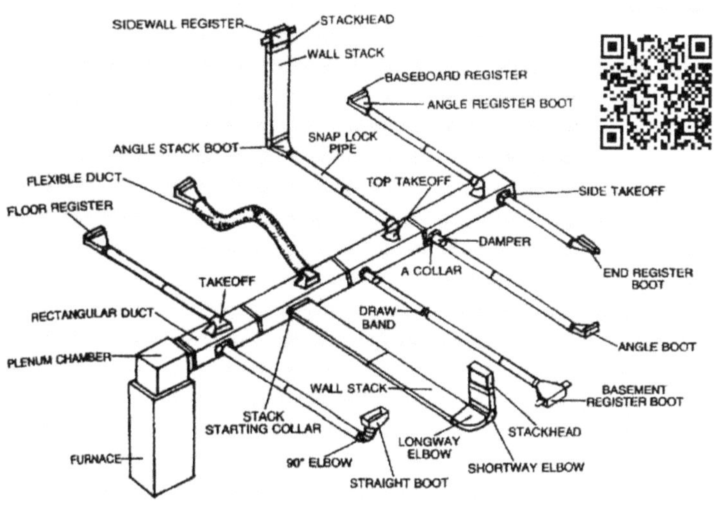

DUCT layout

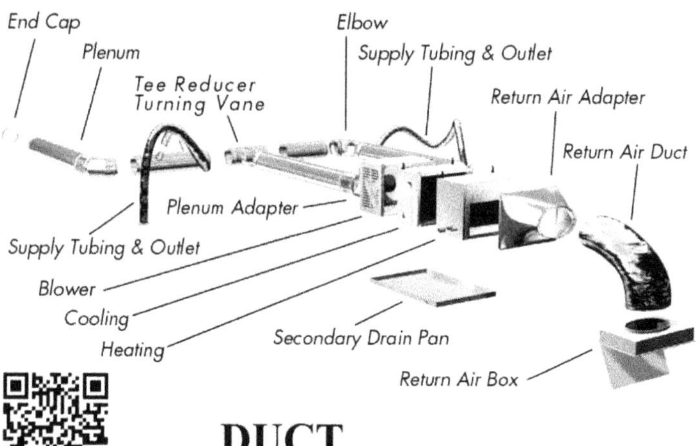

DUCT

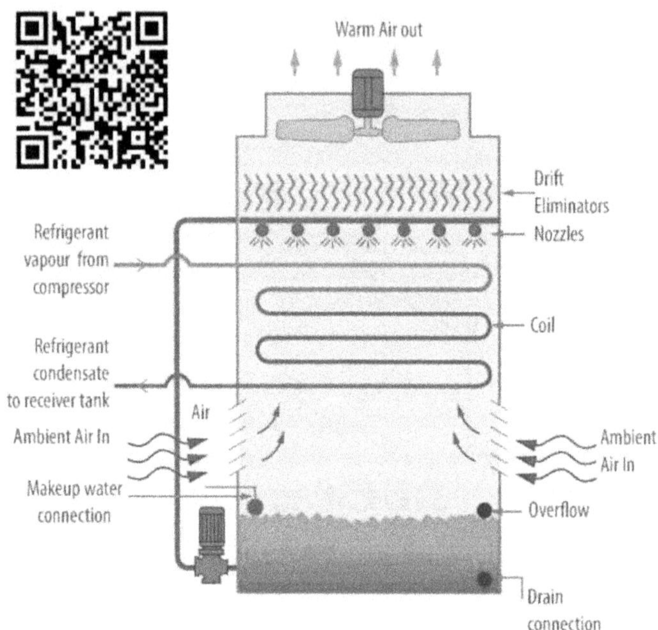

evaporative condenser

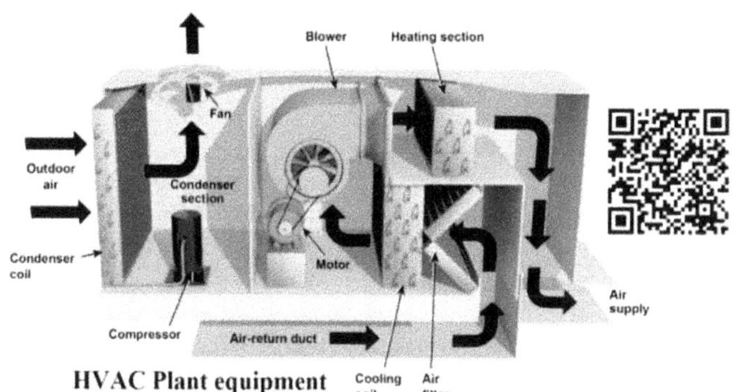
Blower
Heating section
Fan
Outdoor air
Condenser section
Condenser coil
Motor
Compressor
Air-return duct
Air supply
Cooling coil
Air filter
HVAC Plant equipment

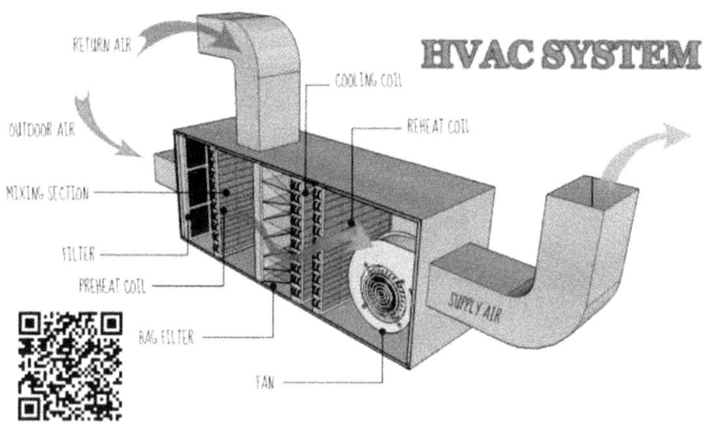
RETURN AIR
HVAC SYSTEM
COOLING COIL
OUTDOOR AIR
REHEAT COIL
MIXING SECTION
FILTER
PREHEAT COIL
BAG FILTER
FAN
SUPPLY AIR

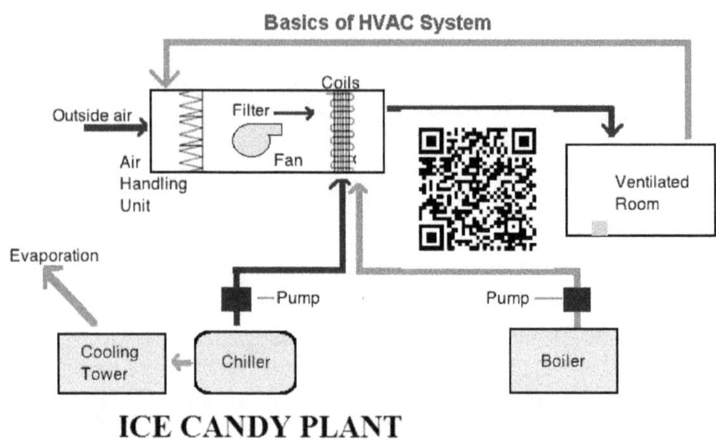

ICE CANDY PLANT

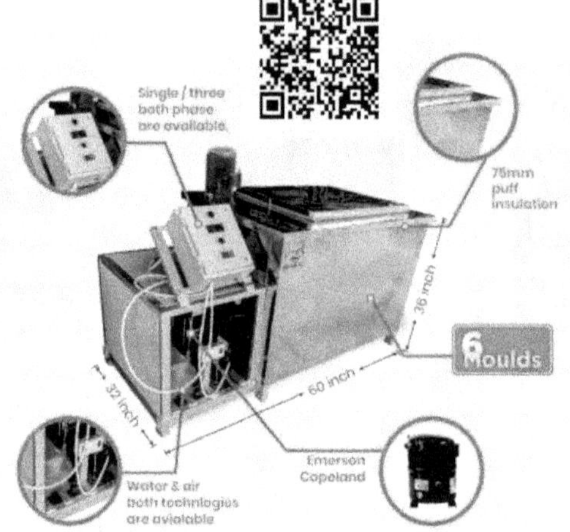

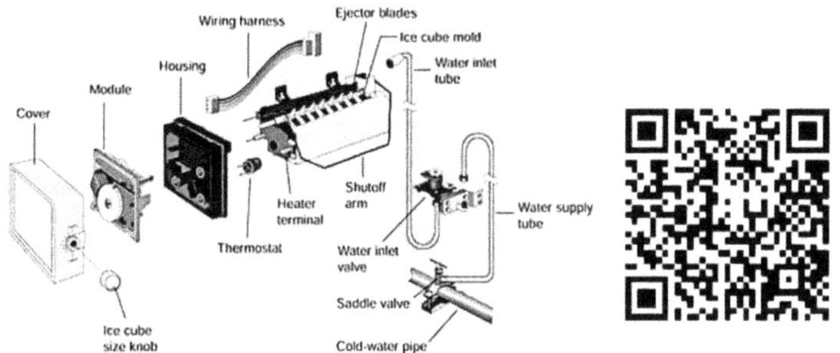

ICE CUBE MACHINE

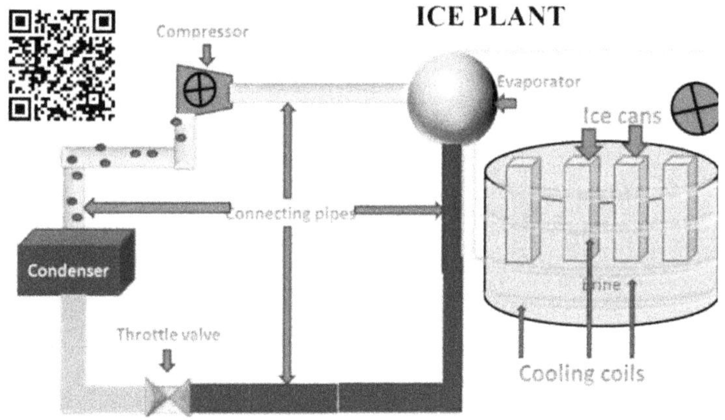

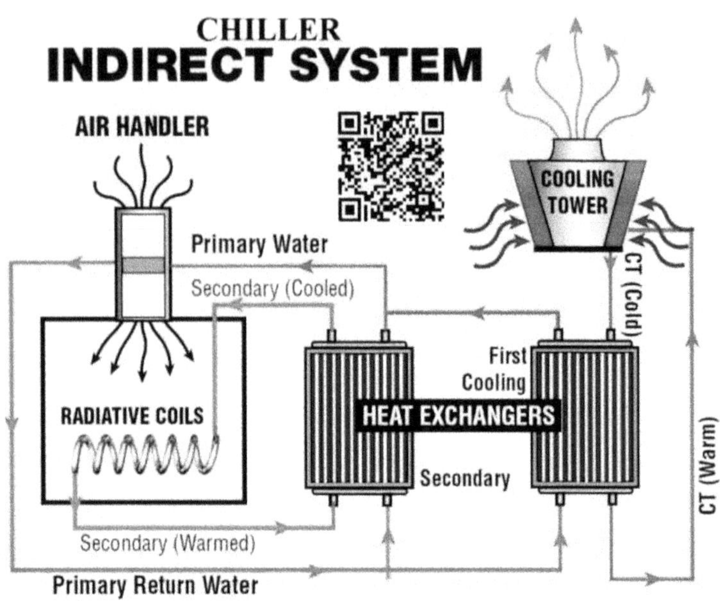
CHILLER
INDIRECT SYSTEM
AIR HANDLER
COOLING TOWER
Primary Water
Secondary (Cooled)
CT (Cold)
First Cooling
RADIATIVE COILS
HEAT EXCHANGERS
Secondary
CT (Warm)
Secondary (Warmed)
Primary Return Water

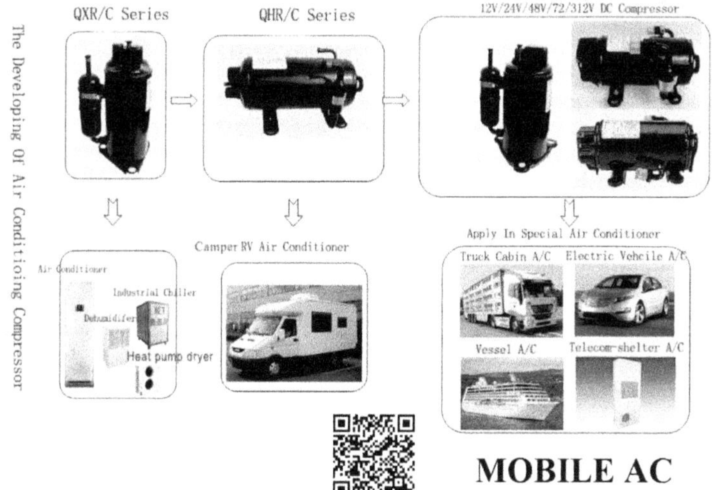
The Developing Of Air Conditioing Compressor
QXR/C Series
QHR/C Series
12V/24V/48V/72/312V DC Compressor
Air Conditioner
Industrial Chiller
Dehumidifer
Heat pump dryer
Camper RV Air Conditioner
Apply In Special Air Conditioner
Truck Cabin A/C
Electric Vehcile A/C
Vessel A/C
Telecom-shelter A/C
MOBILE AC

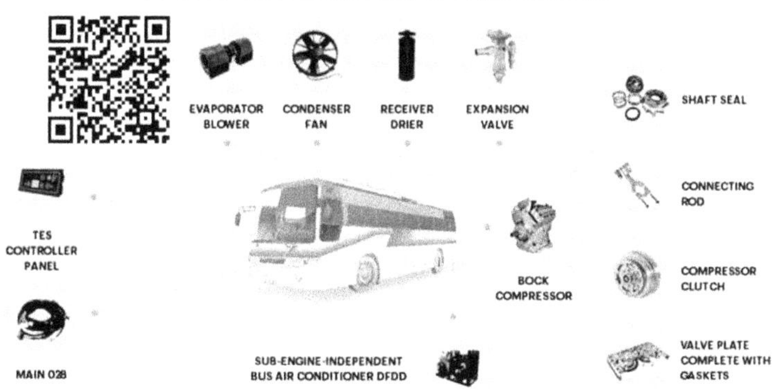
BUS A/C PARTS
EVAPORATOR BLOWER
CONDENSER FAN
RECEIVER DRIER
EXPANSION VALVE
SHAFT SEAL
TES CONTROLLER PANEL
CONNECTING ROD
BOCK COMPRESSOR
COMPRESSOR CLUTCH
MAIN 028
SUB-ENGINE-INDEPENDENT BUS AIR CONDITIONER DFDD
VALVE PLATE COMPLETE WITH GASKETS

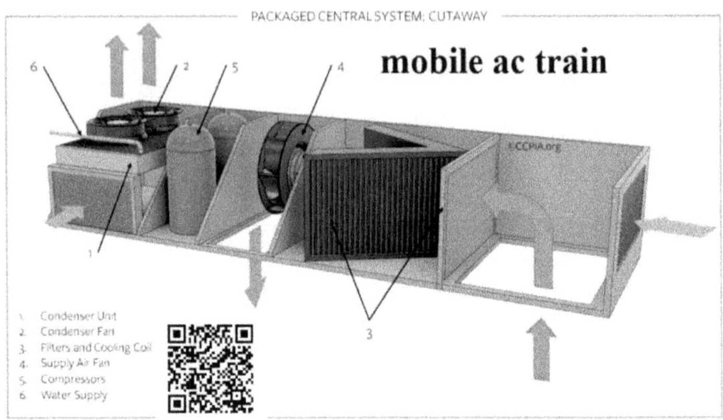
PACKAGED CENTRAL SYSTEM: CUTAWAY
mobile ac train
6
2
5
4
1
3
ECCPIA.org
1. Condenser Unit
2. Condenser Fan
3. Filters and Cooling Coil
4. Supply Air Fan
5. Compressors
6. Water Supply

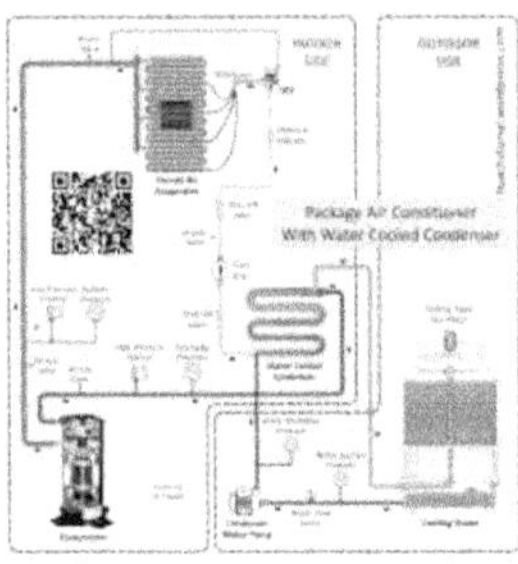
Package Air Conditioner
With Water Cooled Condenser

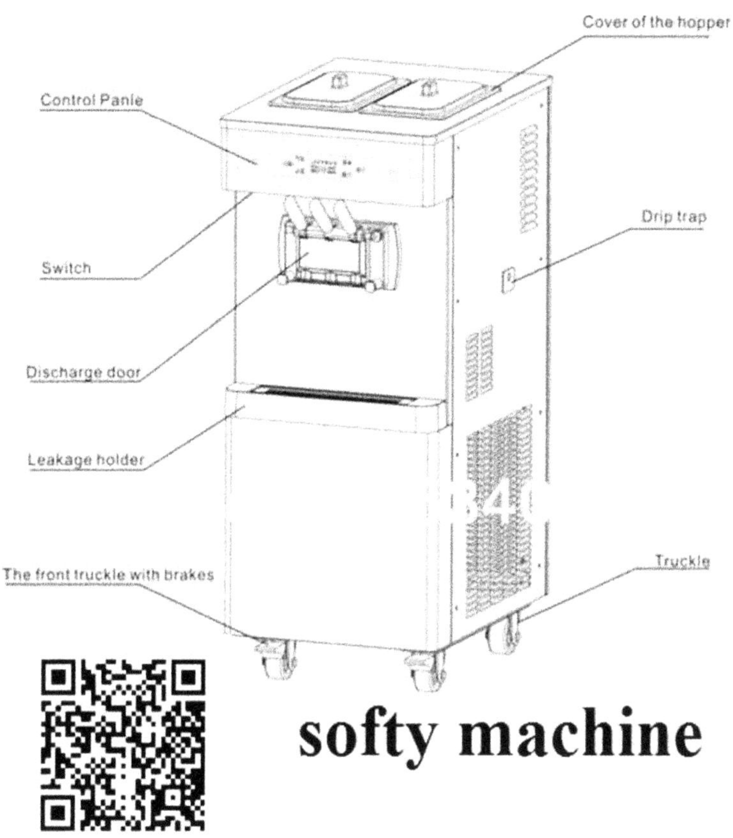
Cover of the hopper
Control Panle
Drip trap
Switch
Discharge door
Leakage holder
The front truckle with brakes
Truckle
softy machine

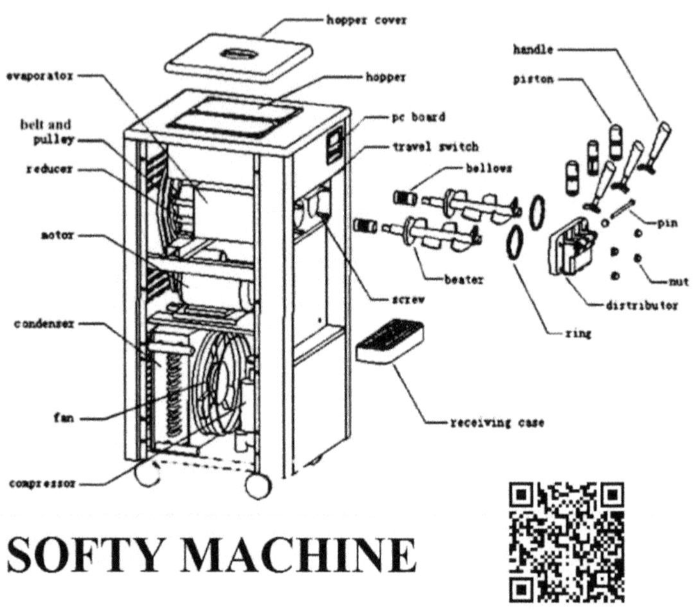
hopper cover
evaporator
hopper
handle
piston
pc board
belt and pulley
travel switch
reducer
bellows
motor
pin
beater
nut
screw
distributor
condenser
ring
fan
receiving case
compressor
SOFTY MACHINE

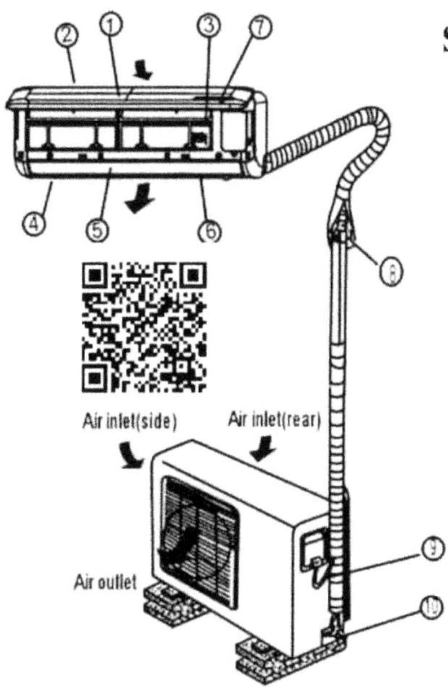

SPLIT PACKAGE

Names of parts

Indoor unit

1. Front panel
2. Air inlet
3. Air filter
4. Air outlet
5. Horizontal air flow grille
6. Vertical air flow louver(inside)
7. Display panel

Outdoor unit

8. Connecting pipe
9. Connecting cable
10. Stop valve

What is a split system?

Many types of air conditioning systems are called split systems because they are made up of an outdoor unit, which contains the condenser and compressor, and an indoor unit, which is often connected to a furnace or heat pump.

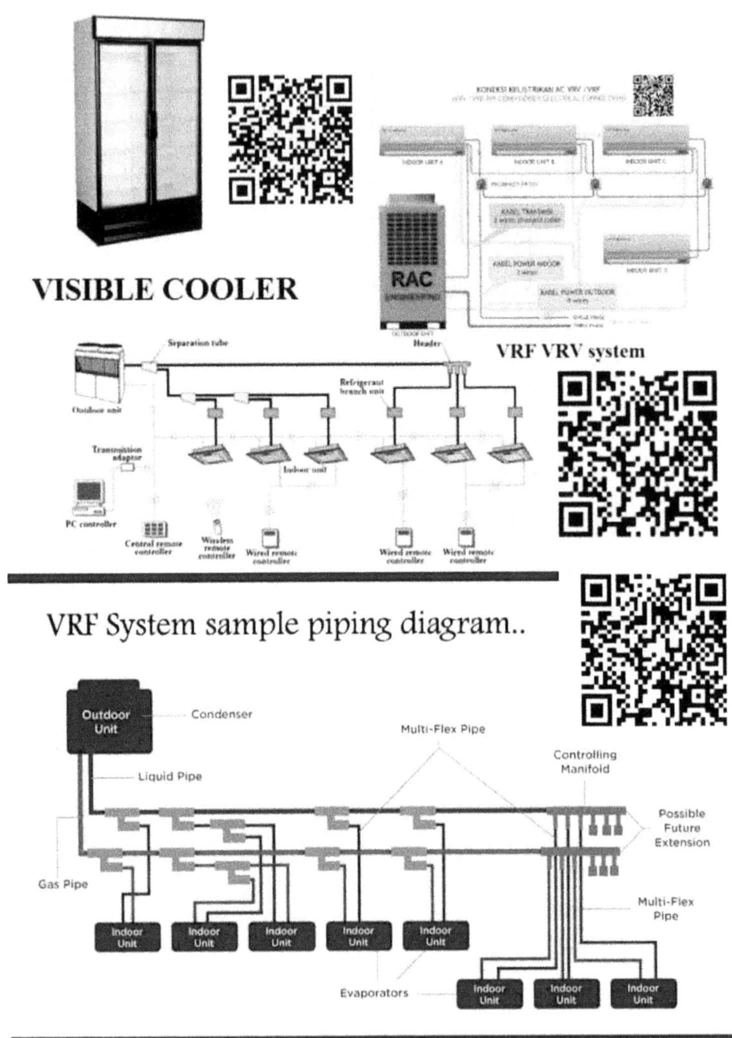
VISIBLE COOLER
RAC
VRF VRV system
Separation tube
Header
Refrigerant branch unit
Outdoor unit
Transmission adaptor
Indoor unit
PC controller
Central remote controller
Wireless remote controller
Wired remote controller
Wired remote controller
Wired remote controller
VRF System sample piping diagram..
Outdoor Unit
Condenser
Multi-Flex Pipe
Controlling Manifold
Liquid Pipe
Possible Future Extension
Gas Pipe
Multi-Flex Pipe
Indoor Unit
Indoor Unit
Indoor Unit
Indoor Unit
Indoor Unit
Evaporators
Indoor Unit
Indoor Unit
Indoor Unit

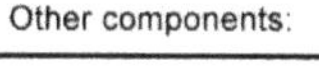

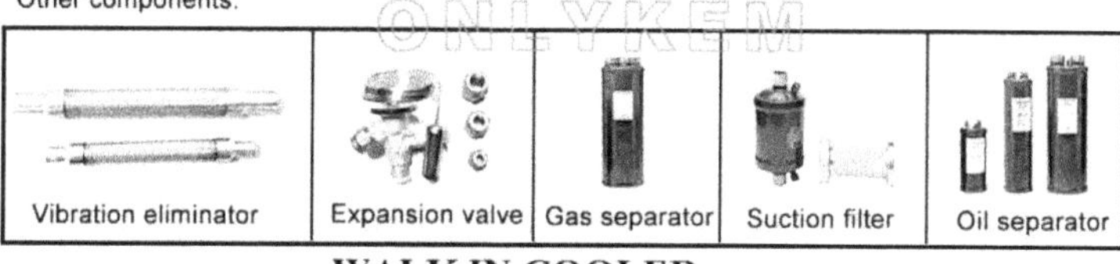

WALK IN COOLER

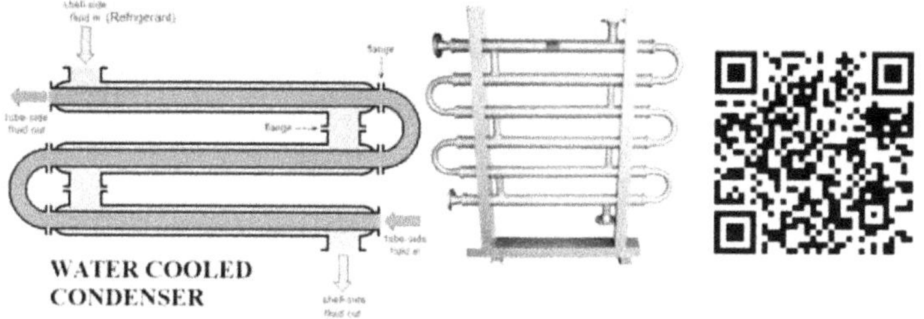

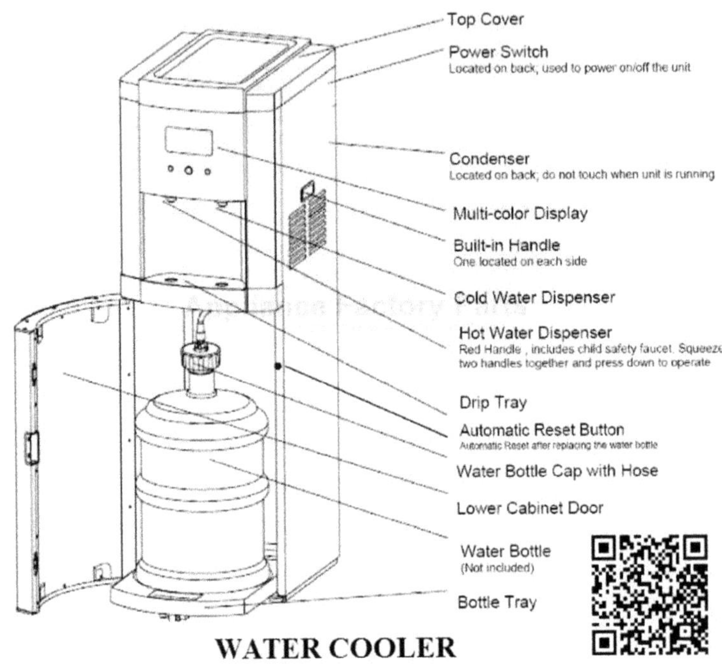

WATER COOLER

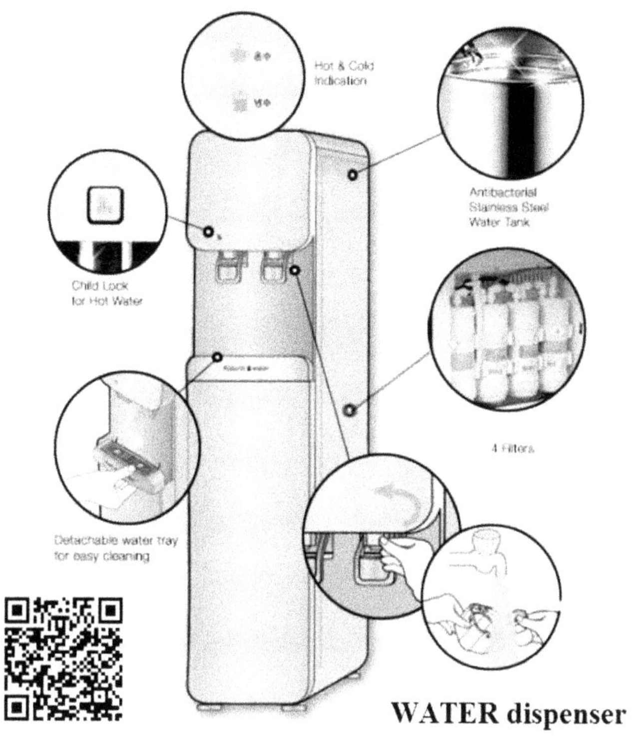

WATER dispenser

Water dispenser heating tank

Upper water outlet

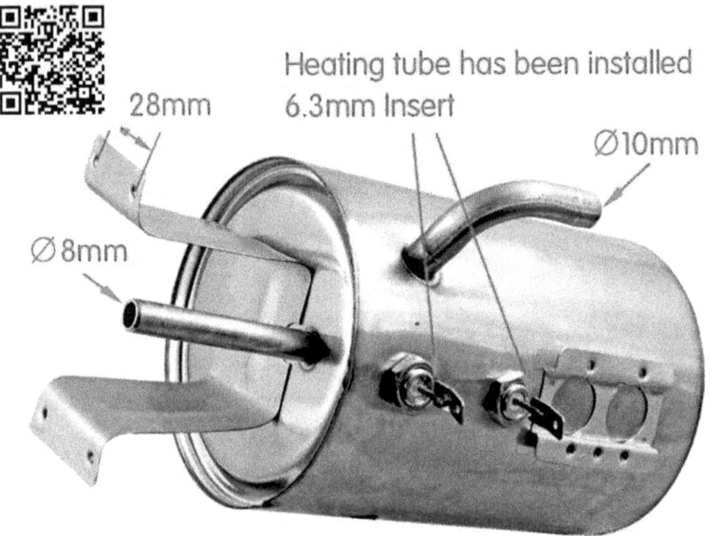

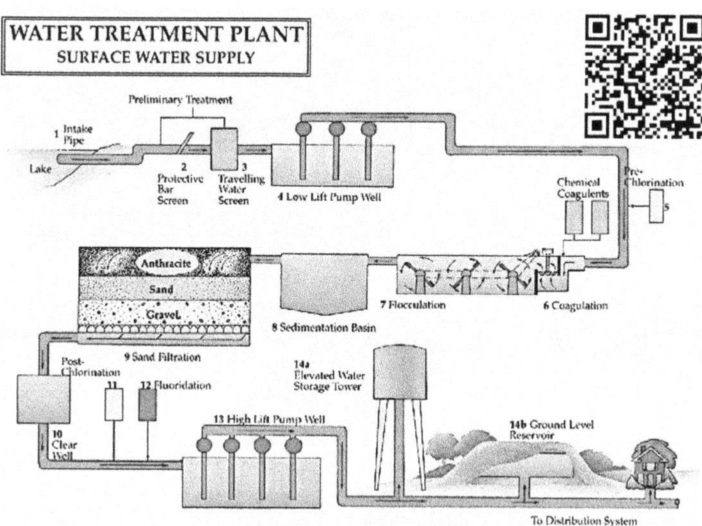
WATER TREATMENT PLANT
SURFACE WATER SUPPLY
Preliminary Treatment
1 Intake Pipe
Lake
2 Protective Bar Screen
3 Travelling Water Screen
4 Low Lift Pump Well
Chemical Coagulents
Pre-Chlorination
5
Anthracite
Sand
Gravel
7 Flocculation
6 Coagulation
8 Sedimentation Basin
9 Sand Filtration
Post-Chlorination
11
12 Fluoridation
10 Clear Well
14a Elevated Water Storage Tower
13 High Lift Pump Well
14b Ground Level Reservoir
To Distribution System

2

रेफ्रिजरेशन अँड एअर कंडिशन टेक्निशियन RACT द्वितीय वर्ष हिंन्दी MCQ

1) कौन सा घटक सिस्टम में रेफ्रिजरेंट का प्रवाह बनाता है

1) <u>कंप्रेसर</u>

2) बाष्पीकरण करनेवाला

3) कंडेनसर

4) विस्तार वाल्व

क्यू 2) एक भली भांति बंद करके सील किया गया कंप्रेसर चालू होने पर शुरू नहीं होता है और इसकी मोटर गुनगुनाती नहीं है। इसकी वजह हो सकती है....

1) दोषपूर्ण प्रारंभिक संधारित्र

2) <u>ओपन - सर्कुलेटेडमोटरवाइंडिंग</u>

3) कम आपूर्ति वोल्टेज

4) एक जब्त कंप्रेसर _

Q 3) थर्मो-कम्प्रेसर .... पर काम करता है।

1) पास्कल का नियम

2) <u>बर्नौलीकासिद्धांत</u>

3) डाल्टन का नियम

4) अवोगाद्रो का नियम

Q 5) रेफ्रिजरेटर में दिया गया कौन सा नियंत्रण कंप्रेसर मोटर वाइंडिंग को क्षति से बचाता है

1) रिले शुरू करना

2) <u>अधिभाररक्षक</u>

3) थर्मोस्टेट

4) उपरोक्त सभी

क्यू 6) अवशोषण प्रशीतन प्रणाली में, वाष्प संपीड़न प्रणाली के कंप्रेसर को ...... द्वारा प्रतिस्थापित किया जाता है।

1) अवशोषक

2) जेनरेटर

3) पंप

4) <u>उपरोक्तसभी</u>

प्र 7) रेफ्रिजरेंट का एक वांछनीय गुण यह है कि इसमें ......

1) कम क्रांतिक तापमान

2) <u>कमविशिष्टऊष्मा</u>

3) कम तापीय चालकता

4) कम विद्युत इन्सुलेशन

Q 8) इनमें से किस रेफ्रिजरेंट की सापेक्ष ओजोन विनाश क्षमता सबसे कम है

1) आर - 11

2) आर - 12

3) <u>आर - 22</u>

4)आर - 114

Q 9) एक प्लेट प्रकार के बाष्पीकरण का प्रयोग अक्सर .... में किया जाता है।

1) घरेलू एयर कंडीशनर

2) पेयजल कूलर

3) घरेलू डीह्यूमिडिफायर

4) <u>दोडिब्बेवालारेफ्रिजरेटर</u>

Q 10) एक घरेलू रेफ्रिजरेटर में, प्रयोग किया जाने वाला एक्सपेंशन वॉल्व ....

1) <u>केशिकाट्यूब</u>

2) लगातार दबाव विस्तार वाल्व

3) थर्मास्टाटिक विस्तार वाल्व

4) फ्लोट वाल्व

Q 11) फ्लड टाइप चिलर एप्लिकेशन में, इस्तेमाल किया जाने वाला एक्सपेंशन वॉल्व ....

1) केशिका ट्यूब

2) लगातार दबाव विस्तार वाल्व

3) थर्मास्टाटिक विस्तार वाल्व

4) फ्लोटवाल्व

Q 12) अमोनिया को .... के रूप में भी जाना जाता है।

1) आर707

2) आर717

3) आर727

4) आर737

Q 14) जेनर डायोड के बारे में क्या सच है?

1) यह एक दिष्टकारी है

2) यह प्रकाश उत्सर्जक डायोड है

3) इसकाउपयोगवोल्टेजनियामकसर्किटमेंकियाजाताहै

4) इसका उपयोग फिल्टर सर्किट में किया जाता है

Q 15) ट्रांसफार्मर एक ऐसा उपकरण है जो ....

1) स्टेप अप या स्टेप डाउन वोल्टेज

2) विद्युत प्रेरण के माध्यम से कार्य करें

3) सत्ता बदले बिना काम करें

4) उपरोक्तसभीकरें

क्यू 16) 3 - फेज इंडक्शन मोटर में लोड नहीं होने की स्थिति के दौरान .... पावर फैक्टर होगा

1) कम

2) मध्यम

3) उच्च

4) नकारात्मक

Q 17) किस इंडक्शन मोटर का स्टार्टिंग टॉर्क बेहतर है

1) स्लिपरिंगइंडक्शनमोटरमेंगिलहरीकेजइंडक्शनमोटरकीतुलनामेंबेहतरस्टार्टिंगटॉर्कहोताहै

2) गिलहरी केज इंडक्शन मोटर में स्लिप रिंग इंडक्शन मोटर की तुलना में बेहतर स्टार्टिंग टॉर्क होता है

3) दोनों का प्रारंभिक बलाघूर्ण समान है

4) दोनों में से किसी एक के पास दूसरे की तुलना में बेहतर शुरुआती टॉर्क हो सकता है

Q 18) रेफ्रिजरेंट में रेफ्रिजरेंट को कम चार्ज करने से ....

1) सीओपी में वृद्धि

2) <u>सीओपीमेंकमी</u>

3) क्षमता में वृद्धि

4) इसका कोई असर नहीं होगा

Q 19) कौन सा कंप्रेसर बड़ी क्षमता और उच्च मात्रा प्रवाह दर के लिए उपयुक्त है

1) पेंच कंप्रेसर

2) स्क्रॉल कंप्रेसर

3) <u>केन्द्रापसारककंप्रेसर</u>

4) पारस्परिक कंप्रेसर

Q 20) केशिका ट्यूब में विस्तार के दौरान, थैलेपी ....

1) बढ़ता है

2) घटता है

3) <u>वहीरहताहै</u>

4) बढ़ या घट सकता है

Q 21) HFC रेफ्रिजरेंट ....

1) आर11

2) आर22

3) <u>आर134ए</u>

4) आर290

Q 22) एक घरेलू रेफ्रिजरेटर की क्षमता लगभग ....

1) <u>0.1 टन</u>

2) O.5 टन

3) 1.0 टन

4) 1.5 टन

Q 23) फाइबरग्लास इंसुलेशन के उत्पादन के लिए प्रयुक्त सामग्री ....

1) कार्बन

2) झांवा

3) जिप्सम

4) <u>सिलिका</u>

Q 24) घरेलू रेफ्रिजरेटर में जो इंसुलेटिंग सामग्री का उपयोग नहीं किया जाता है वह है .....

1) लकड़ी फाइबर

2) कॉर्क

3) <u>रबड़</u>

4) काच की ऊन

Q 25) रेफ्रिजरेंट के रूप में अमोनिया का उपयोग करके रेफ्रिजरेशन सिस्टम में रिसाव का पता लगाया जाता है

1) साबुन और पानी

2) सल्फरस्टिक

3) हैलाइड टॉर्च

4) मोमबत्ती जलाना

Q 26) रेफ्रिजरेंट संदूषण का कारण क्या है?

1) रेफ्रिजरेंटमेंनमी

2) निम्न तेल स्तर

3) उच्च तेल स्तर

4) गैस की कमी

Q 27) एयर कंडीशनिंग में एयर डिफ्यूज़र का कार्य ....

1) स्वच्छ हवा

2) वांछितपैटर्नमेंप्रत्यक्षवायुप्रवाह

3) एयर कंडीशनर का शोर कम करें

4) हवा की सापेक्ष आर्द्रता को नियंत्रित करें

Q 28) बाढ़ वाले प्रकार के बाष्पीकरण में, उपयोग किया जाने वाला विस्तार उपकरण .... है।

1) गैर वापसी वाल्व

2) फ्लोटवाल्व

3) थर्मोस्टेटिक डिवाइस

4) स्व-सक्रिय विस्तार वाल्व

Q 29) वोर्टेक्स ट्यूब (गैर पारंपरिक) रेफ्रिजरेटिंग सिस्टम के बारे में कौन सा कथन सही नहीं है

1) यह हवा को रेफ्रिजरेंट के रूप में उपयोग करता है

2) यह वजन में हल्का है

3) इसे कम जगह की आवश्यकता होती है

4) इसमेंकईगतिमानभागहोतेहैं

Q 30) इनमें से कौन वोर्टेक्स ट्यूब रेफ्रिजरेटिंग सिस्टम के अनुप्रयोग का एक उदाहरण है

1) इलेक्ट्रॉनिक घटकों का स्पॉट कूलिंग

2) खदानों में काम करने वालों का शरीर ठंडा होना

3) उपरोक्तदोनों

4) उपरोक्त में से कोई नहीं

क्यू 31) पल्स-ट्यूब रेफ्रिजरेशन में ज्यादातर चुना जाने वाला कार्यशील द्रव .... है

1) हीलियम

2) कार्बन डाइऑक्साइड

3) नाइट्रोजन

4) अमोनिया

Q 32) लिथियम-ब्रोमाइड वाष्प अवशोषण प्रशीतन प्रणाली में, लिथियम ब्रोमाइड का उपयोग किया जाता है:

1) रेफ्रिजरेंट

2) अवशोषक

3) शोषक और रेफ्रिजरेंट दोनों के रूप में

4) न तो शोषक के रूप में और न ही रेफ्रिजरेंट के रूप में

Q 33) 3-फेज गिलहरी केज इंडक्शन मोटर शुरू करने के लिए इनमें से कौन सी विधि का उपयोग नहीं किया जा सकता है

1)डॉल स्टार्टर

2) ऑटो ट्रांसफार्मर स्टार्टर

3) स्टार - डेल्टा स्टार्टर

4) रोटररोकनेवालाप्रारंभ

Q 35) बर्फ निर्माण में, बर्फ के डिब्बे .... से निर्मित होते हैं।

1) एल्युमिनियम

2) तांबा

3) पीतल

4) जस्तीइस्पात

Q 36) इनमें से किस कम्प्रेसर की आंशिक भार क्षमता खराब है?

1) स्क्रॉल कंप्रेसर

2) पारस्परिक कंप्रेसर

3) स्क्रू कंप्रेसर

4) केन्द्रापसारककंप्रेसर

Q 37) संपीड़ित वायु प्रणाली से वाष्प, हानिकारक रसायनों, गंध को हटाने के लिए आमतौर पर उपयोग किए जाने वाले फिल्टर हैं

1) हॉपकलाइट फिल्टर

2) बाँझ फिल्टर

3) कोलेसिंग फिल्टर

4) सोखनासक्रियकार्बनफिल्टर

Q 38) तेल मुक्त (कोई स्नेहन नहीं) कम्प्रेसर ....

1) पारस्परिक कंप्रेसर

2) पेंच कम्प्रेसर

3) केन्द्रापसारककंप्रेसर

4) उपरोक्त सभी

Q 39) वाटर-कूल्ड कंडेनसर की क्षमता को नियंत्रित करने के लिए किस विधि का उपयोग किया जाता है?

1) कंडेनसर में प्रवेश करने वाले पानी का तापमान भिन्न होता है

2) कंडेनसर वॉटर पंप पर वेरिएबल-स्पीड ड्राइव का उपयोग करें

3) कंडेनसर को बायपास करने के लिए डायवर्टिंग वाल्व और पाइप का उपयोग करें

4) उपरोक्तसभी

Q 40) थैलेपी में जो परिवर्तन .... में होता है, उसे प्रशीतन प्रभाव कहा जाता है।

1) कंप्रेसर

2) कंडेनसर

3) बाष्पीकरणकरनेवाला

4) एक्सपेंशन डिवाइस

क्यू 41) कंडेनसर की गर्मी अस्वीकृति क्षमता निम्नलिखित से प्रभावित होती है, सिवाय

1) संघनित्रपरहोनेवालाअधिकतमदाब

2) कंडेनसर में कूलिंग मीडिया की प्रवाह दर

3) रेफ्रिजरेंट और कूलिंग मीडिया के बीच तापमान का अंतर

4) कंडेनसर में रेफ्रिजरेंट के प्रवाह की दर

Q 42) यदि रेफ्रिजरेंट की प्रवाह दर अधिक है, तो आप कौन सा कंप्रेसर चुनेंगे

1) पारस्परिक कंप्रेसर

2) केन्द्रापसारककंप्रेसर

3) स्क्रू कंप्रेसर

4) रोटरी कंप्रेसर

क्यू 43) कूलिंग टॉवर का प्रदर्शन इन कारकों से काफी प्रभावित होता है, सिवाय .....

1) दृष्टिकोण

2) गीले बल्ब का तापमान

3) रेंज

4) टीडीएस

Q 44) कूलिंग टॉवर के अंदर, हवा और पानी के बीच संपर्क सतह और संपर्क समय को बढ़ाने के लिए एक सामग्री डाली जाती है। इस सामग्री को क्या कहा जाता है

1) सम्मिलित करें

2 पैक

3) <u>भरें</u>

4) कोर

Q 45) वायरस और बैक्टीरिया से छुटकारा पाने के लिए जिन कीटाणुनाशकों का इस्तेमाल किया जा सकता है, वे हैं:

1) क्लोरीन और पानी

2) <u>क्लोरीनऔरओजोन</u>

3) पराबैंगनी प्रकाश और वायु

4) पराबैंगनी प्रकाश और पानी _

क्यू 46) छोटे बाष्पीकरणकर्ताओं के लिए जहां इस्तेमाल किया जाने वाला रेफ्रिजरेंट अमोनिया के अलावा होता है, इस्तेमाल की जाने वाली टयूबिंग किससे बनी होती है।

1) स्टील

2) <u>तांबा</u>

3) पीतल

4) कांस्य

क्यू 47) कंडेनसर फिन को एक नली से साफ करने की सिफारिश क्यों नहीं की जाती है

1) <u>पानीगंदगीकोकीचड़मेंबदलदेगाजिसेसाफकरनामुश्किलहोगा</u>

2) पानी से पंखों में बहुत जल्दी जंग लग जाएगी

3) नली का उपयोग करना बुरा नहीं है। सिफारिश को स्वीकार करने की आवश्यकता नहीं है

4) नली का उपयोग करने से शायद ही पंखों को कोई नुकसान होता है

क्यू 48) कंप्रेसर में प्रवेश करने वाले रेफ्रिजरेंट के लिए थोड़ा अधिक गरम होना क्यों वांछनीय है?

1) रेफ्रिजरेंट तेल को कंप्रेसर से बाहर निकलने से रोकने के लिए

2) वाष्प रेफ्रिजरेंट को कंप्रेसर में प्रवेश करने से रोकने के लिए

3) कंप्रेसर को गर्म रखने के लिए

4) <u>तरलरेफ्रिजरेंटकोकंप्रेसरमेंप्रवेशकरनेसेरोकनेकेलिए</u>

Q 50) HVAC प्रणाली का उद्देश्य .... को नियंत्रित करना है।

1) <u>केवलतापमानऔरआर्द्रता</u>

2) बाहरी हवा की आपूर्ति

3) वायु निस्पंदन और कब्जे वाले स्थानों में इसकी आवाजाही

4) उपरोक्त सभी

क्यू 52) हीट लोड कैलकुलेशन के अनुसार एसी II टियर रेलवे कोच का लोड लगभग ....

1) 4 टन

2) <u>14 टन</u>

3) 12 टन

4)16 टन

Q 53) ऑटोमोटिव एयर कंडीशनिंग में किस रेफ्रिजरेंट का उपयोग किया जाता है

1) अमोनिया

2) कार्बन डाइऑक्साइड

3) फ्रीऑन

4) नमकीन

क्यू 54) वी बेल्ट वाले वाहन पर, एसी कंट्रोल स्विच ऑन या ऑफ पोजीशन के साथ त्वरण पर रुक-रुक कर सीक्वेलिंग शोर सुनाई देता है। इस समस्या का सबसे संभावित कारण है

1) एकढीलीपावरस्टीयरिंगबेल्ट

2) एक ढीला एसी कंप्रेसर बेल्ट

3) एक ढीली हवा पंप बेल्ट

4) एक पहना हुआ एसी कंप्रेसर चरखी असर

Q 55) सेकेंडरी रेफ्रिजरेंट का प्रयोग हमेशा .... में किया जाता है।

1)घरेलू फ्रिज

2) बर्फकापौधा

3) डीप फ्रीजर

4) वाटर कूलर

Q 56) कोल्ड स्टोरेज में सबसे आम इंसुलेटिंग सामग्री ....

1) पीयूएफ

2) थर्मोकोल

3) कॉर्क

4) कांच की ऊन

Q 57) वाहिनी का वह प्रकार है जिसमें हवा ले जाने के लिए कम से कम सामग्री की आवश्यकता होती है ....

1) स्क्वायर

2) आयताकार

3) परिपत्र

4) समलम्बाकार

Q 58) _______________ चिन्ह आकार में त्रिभुजाकार होते हैं।

1) चेतावनी

2) सूचनात्मक

3) अनिवार्य

4) निषेधात्मक

Q 59) 1 टन रेफ्रिजरेशन ___________ शक्ति के बराबर होता है।

1) 3.52 किलोवाट

2) 1.05 किलोवाट

3) 211 किलोवाट

4) 232 किलोवाट

Q 60) इनमें से कौन एक वाष्प अवशोषण प्रशीतन प्रणाली में, अमोनिया वाष्प को तरल अमोनिया में परिवर्तित करता है

1) कंडेनसर

2) बाष्पीकरण करनेवाला

3) अवशोषक

4) विश्लेषक

क्यू 61) ______________ रेफ्रिजरेशन कैबिनेट के अंदर के तापमान को नियंत्रित करता है।

1) थर्मोस्टेटस्विच

2) स्प्लिट फेज मोटर

3) रिले

4) अधिभार रक्षक

Q 63) कंप्रेसर की इनमें से कौन सी क्षमता नियंत्रण विधियों को सिलेंडर अनलोडर के रूप में भी जाना जाता है?

1) कईइकाइयोंकाउपयोग

2) गति मॉडुलन

3) गर्म गैस बाईपास

4) ऑन ऑफ कंट्रोल

Q 65) वायुमंडल में एक किलोग्राम शुष्क हवा में मौजूद जलवाष्प की मात्रा को ________ कहा जाता है।

1) विशिष्टआर्द्रता

2) वायु संतृप्ति

3) नम बिंदु

4) शुष्क द्रव्यमान

Q 66) जब हवा संतृप्त अवस्था में होती है, तो वेट बल्ब डिप्रेशन का मान ________ होता है

1) शून्य

2) नकारात्मक

3) अधिकतम

4) एकता

Q 67) मानव आराम को बनाए रखने के लिए, वायु स्तरीकरण का मूल्य __________ रखा जाना चाहिए

1) न्यूनतम

2) अधिकतम

3) अनंत

4) नकारात्मक

Q 68) निम्नलिखित में से कौन सा तथ्य कठोर वाहिनी के बारे में गलत है

1) लचीला

2) महँगा

3) भारी

4) वाटर प्रूफ

Q 70) सेंसिबल हीट लोड सेंसिबल लोड, ______________ और ________ का उत्पाद है

1) गर्मीसंचरणकारक, तापमान

2) गुप्त ऊष्मा, ताप

3) तापमान अंतर, द्रव्यमान

4) ऊष्मा संचरण कारक, द्रव्यमान

1]गलत बयान उठाओ] एक रेफ्रिजरेंट में होना चाहिए

(ए) तरल की टो विशिष्ट गर्मी

(बी) उच्चउबलतेबिंदु

(सी) वाष्पीकरण की उच्च गुप्त गर्मी

(डी) उच्च महत्वपूर्ण तापमान

Q 2) स्थिर दबाव पर, गैस के तापमान के अनुसार आयतन बदलता रहता है। यह बयान है......

1)बॉयल का नियम

2) चार्ल्सलॉ

3) जूल-थॉम्पसन प्रभाव

4) डाल्टन का नियम

Q 3) एक टन रेफ्रिजरेशन =................

1) 45.5 किलो कैलोरी मिन।

2) 50.4 किलोकैलोरीमिन।

3) 44.5 किलो कैलोरी मिन।

4) 66.5 किलो कैलोरी मिन

Q 4) किसी पदार्थ के एकांक द्रव्यमान के तापमान को 1 डिग्री C तक बढ़ाने के लिए आवश्यक ऊष्मा की मात्रा कहलाती है ....

1) विशिष्टऊष्मा

2) संवेदनशील गर्मी

3) गुप्त ऊष्मा

4) सुपरहीट

Q 5) यदि वायु की आपेक्षिक आर्द्रता 100% है, तो वाष्पीकरण की दर होगी .....

1) उच्च

2) मध्यम

3) कम

4) शून्य

Q 6) केशिका नली एक उपकरण है जो ....

1) रेफ्रिजरेंट द्वारा वहन की गई गर्मी को दूर करता है

2) रेफ्रिजरेंटमीटर

3) अतिरिक्त तरल रेफ्रिजरेंट के लिए एक जलाशय के रूप में कार्य करता है

4) रेफ्रिजरेंट को पंप करता है

Q 7) रेफ्रिजरेशन सिस्टम का हृदय ....

1) तरल रिसीवर

2) थर्मोस्टेट

3) कंप्रेसर

4) बाष्पीकरणकर्ता

Q 8) द्रव रेफ्रिजरेंट से नमी को हटाने के लिए प्रयुक्त ड्रायर को किससे चार्ज किया जाता है?

1) सिलिकाजेल

2) कैल्शियम कार्बाइड

3) मिट्टी अवशोषक

4) एथिलीन अवशोषक

Q 9) इनमें से कौन नमकीन नहीं है

1) सोडियम क्लोराइड

2) कैल्शियम क्लोराइड

3) एथिलीन ग्लाइकॉल

4) उपरोक्तमेंसेकोईनहीं

Q 10) एक माइक्रोमीटर में 0.02 मिमी की धनात्मक त्रुटि होती है। यदि यह 25.41 मिमी पढ़ता है, तो सही पठन है .....

1) 25.39 मिमी

2) 25.37 मिमी

3) 25.43 मिमी

4) 25.45 मिमी

Q 12) शीट मेटल की मोटाई को संख्याओं की एक श्रृंखला द्वारा दर्शाया जाता है जिसे ....

1) मानक आकार

2) संख्या का आकार

3) गेज

4) सामान्य आकार

Q 13) वेल्डिंग इलेक्ट्रोड कोटिंग के कार्यों में से एक ....

1) वेल्डिंग चालू बढ़ाएं

2) चापकोस्थिरकरें

3) जंग लगना रोकें

4) चाप तापमान को नियंत्रित करें

Q 15) घरेलू रेफ्रिजरेटर का बटर कंपार्टमेंट सामान्यतः स्थित होता है ......

1) कैबिनेट के शीर्ष पर

2) कैबिनेट के निचले भाग में

3) केंद्रीय ऊंचाई पर

4) दरवाजेमें

Q 16) बाष्पीकरणकर्ता में वाष्पीकरण की प्रक्रिया होती है, जिसके कारण .....

1)गर्मी जुड़ जाती है

2) गर्मीदूरहोतीहै

3) दबाव बढ़ता है

4) दाब घटता है

Q 17) स्निप एक ....

1) मापने का उपकरण

2) मार्किंग टूल

3) काटनेकाउपकरण

4) सहायक उपकरण

Q 18) बारंबारता की इकाई ....

1) मोहो

2) कूलम्ब
3) हर्ट्ज़
4) टेस्ला
Q 19) रेफ्रिजरेटर में प्रयुक्त होने वाला कम्प्रेसर ....
1) भलीभांतिबंदकरकेसीलकिएगएपारस्परिककंप्रेसर
2) अर्ध-भली भांति बंद करके सील किए गए पारस्परिक कंप्रेसर
3) ओपन टाइप कंप्रेसर
4) केन्द्रापसारक कंप्रेसर
Q 20) घरेलू रेफ्रिजरेटर .... पर काम करता है।
1) वाष्पसंपीड़नचक्र
2) वाष्प अवशोषण चक्र
3) ओटो चक्र
4) वाष्प संपीड़न या वाष्प अवशोषण चक्र
Q 21) कौन सा अधिक कुशल है - वाटर कूल्ड या एयर कूल्ड कंडेनसर
1) एयर कूल्ड
2) वाटरकूल्ड
3) दोनों समान रूप से कुशल हैं
4) कोई भी दूसरे की तुलना में अधिक कुशल हो सकता है
क्यू 22) यह इन्सुलेट सामग्री की वांछनीय संपत्ति नहीं है।
1) पानी का प्रतिरोध
2) उच्चतापीयचालकता
3) गैर ज्वलनशील
4) वजन में हल्का
क्यू 23) विंडो एयर कंडीशनर के उपयोग के खिलाफ शिकायतों में से एक यह है कि यह ....
1) महँगा
2) स्थापित करना मुश्किल
3) बनाए रखना मुश्किल
4) शोर
Q 24) इनमें से कौन स्प्लिट एयर कंडीशनर की बाहरी इकाई का हिस्सा नहीं है
1) बाष्पीकरणकातार
2) कंडेनसर कॉइल
3) कंप्रेसर
4) एक्सपेंशन कॉइल

Q 25) एक प्रशीतन चक्र में, प्रशीतक द्वारा .... पर ऊष्मा को अस्वीकार कर दिया जाता है।

1) कंडेनसर

2) बाष्पीकरण करनेवाला

3) कंप्रेसर

4) विस्तार वाल्व

Q 26) इनमें से कौन अर्धचालक है

1) सोना

2) लेड

3) सिलिकॉन

4) प्लास्टिक

Q 27) कूलिंग टॉवर में कूलिंग इफेक्ट को .... द्वारा बढ़ाया जा सकता है।

1) गीली सतह पर हवा का बढ़ता वेग

2) बैरोमीटर का दबाव कम करना

3) हवा की नमी को कम करना

4) उपरोक्तसभी

क्यू 28) सीआरओ देता है ....

1) वास्तविक प्रतिनिधित्व

2) दृश्यप्रतिनिधित्व

3) अनुमानित प्रतिनिधित्व

4) गलत प्रतिनिधित्व

Q 29) इंटीग्रेटेड सर्किट सामान्य रूप से .... के बने होते हैं।

1) सिलिकॉन

2)जर्मेनियम

3) तांबा

4) एल्युमिनियम

Q 30) एक IC में सक्रिय अवयव .... होते हैं।

1) प्रतिरोधक

2) संधारित्र

3) ट्रांजिस्टरऔरडायोड

4) उपरोक्त में से कोई नहीं

2]एक मानक बर्फ बिंदु तापमान के तापमान से मेल खाता है

(ए) 0 डिग्री सेल्सियस पर पानी

(बी) 4 डिग्री सेल्सियस पर बर्फ

(सी) ठोस और सूखी बर्फ
(ई) संतुलनकीस्थितिमेंबर्फऔरपानीकामिश्रण]
3]वाष्प संपीड़न प्रशीतन कुछ ऐसा है जो पसंद करता है
(ए) कार्नोट चक्र
(बी) रैंकिन चक्र
(सी) उलट कैमोट चक्र
(ई) उपरोक्तमेंसेकोईनहीं]
4]निम्नलिखित में से कौन सा चक्र हवा को रेफ्रिजरेंट के रूप में उपयोग करता है
(ए) एरिक्सन
(बी) स्टर्लिंग
(सी) कार्नो
(डी) बेलकोलमैन
5]अमोनिया अवशोषण प्रशीतन चक्र की आवश्यकता है
(ए) बहुतकमकामइनपुट
(बी) अधिकतम कार्य इनपुट
(सी) वाष्प संपीड़न चक्र के लिए लगभग समान कार्य इनपुट
(डी) शून्य कार्य इनपुट
6]प्रशीतन की अवशोषण प्रणाली की एक महत्वपूर्ण विशेषता है
(ए) शोर संचालन
(बी) शांतसंचालन
(सी) 0 डिग्री सेल्सियस से नीचे ठंडा करना
(डी) बहुत कम बिजली की खपत
8]क्लैपेरॉन समीकरण के बीच एक संबंध है
(ए) तापमान, दबाव और थैलेपी
(बी) विशिष्ट मात्रा और थैलेपी
(सी) तापमान और थैलेपी
(ई) तापमान, दबाव, विशिष्टमात्राऔर 'एंथैल्पी]
19]क्लैपेरॉन समीकरण यहां पंजीकरण के लिए लागू है
(ए) वाष्पकासंतृप्तिबिंदु
(बी) तरल का संतृप्ति बिंदु
(सी) उच्च बनाने की क्रिया तापमान
(डी) ट्रिपल प्वाइंट
(ई) महत्वपूर्ण बिंदु]
10] वाष्प संपीडन चक्र में, रेफ्रिजरेंट की स्थिति संतृप्त तरल होती है

(ए) कंडेनसरसेगुजरनेकेबाद

(बी) संघनित्र से गुजरने से पहले

(सी) विस्तार थ्रॉटल वाल्व से गुजरने के बाद

(डी) विस्तार वाल्व में प्रवेश करने से पहले

11] वाष्प संपीड़न चक्र में, रेफ्रिजरेंट की स्थिति बहुत गीली वाष्प होती है

(ए) कंडेनसर से गुजरने के बाद

(बी) कंडेनसर से गुजरने से पहले

(सी) विस्तार या थ्रॉटल वाल्व से गुजरने के बाद

(ई) कंप्रेसरमेंप्रवेशकरनेसेपहले]

12] वाष्प संपीड़न चक्र में, रेफ्रिजरेंट की स्थिति उच्च दाब संतृप्त तरल होती है

(ए) कंडेनसर से गुजरने के बाद

(बी) कंडेनसर से गुजरने से पहले

(सी) विस्तार या थियोटल वाल्व से गुजरने के बाद

(डी) विस्तारवाल्वमेंप्रवेशकरनेसेपहले

13] वाष्प संपीडन चक्र में रेफ्रिजरेंट की स्थिति अतितापित वाष्प होती है

(ए) कंडेनसर से गुजरने के बाद

(बी) कंडेनसरसेगुजरनेसेपहले

(सी) विस्तार या थ्रॉटल वाल्व से गुजरने के बाद

(डी) [विस्तार वाल्व में प्रवेश करने से पहले

14] वाष्प संपीड़न चक्र में सर्द की स्थिति शुष्क संतृप्त वाष्प है

(ए) कंडेनसर से गुजरने के बाद

(बी) कंडेनसर से गुजरने से पहले

(सी) विस्तार या थ्रॉटल वाल्व से गुजरने के बाद

(ई) कंप्रेसरमेंप्रवेशकरनेसेपहले]

15] अमोनिया का क्वथनांक है

(ए) 100 डिग्री सेल्सियस

(बी) 50 डिग्री सेल्सियस

(सी) 33]3 डिग्रीसेल्सियस

(डी) 0 डिग्री सेल्सियस

(ई) 33] 3 डिग्री सेल्सियस]

16] एक टन रेफ्रिजरेशन 1000 किलो बर्फ के पिघलने के अनुरूप रेफ्रिजरेशन प्रभाव के बराबर होता है

(ए) 1 घंटे में

(बी) 1 मिनट में

(सी) <u>24 घंटोंमें</u>

(डी) 12 घंटे में

17] एक टन रेफ्रिजरेटीकन से मेल खाती है

(ए) <u>50 किलोकैलोरी/मिनट</u>

(बी) 50 किलो कैलोरी/kr

(सी) 80 किलो कैलोरी/मिनट

(डी) 80 किलो कैलोरी / घंटा

18] S]J] यूनिट में एक टन रेफ्रिजरेशन बराबर होता है

(ए) <u>210 केजे / मिनट</u>

(बी) 21 केजे / मिनट

(सी) 420 केजे / मिनट

(डी) 840 केजे/मिनट

19]वाष्प संपीड़न रेफ्रिजरेटर निम्नलिखित साइसी को नियोजित करता है

(ए) रैंकिन

(बी) कार्नो

(सी) उलट रैंकिन

(ई) <u>उलटकार्नोट]</u>

20] उच्च दबाव की तरफ या अमोनिया अवशोषण प्रणाली पर स्वीकार्य दबाव के क्रम का है

(ए) वायुमंडलीय दबाव

(बी) वायुमंडलीय दबाव से थोड़ा ऊपर

(सी) 24 बार

(डी) <u>56 बार</u>

21]रेफ्रिजरेंट में नमी किसके द्वारा हटाई जाती है

(ए) बाष्पीकरणकर्ता

(बी) सुरक्षा राहत वाल्व

(सी) dehumidifier

(डी) <u>सुखानेकीमशीन</u>

Q 31) पानी की अस्थाई कठोरता को .... द्वारा दूर किया जाता है।

1) छानना

2) <u>उबालना</u>

3) रासायनिक उपचार

4) उपरोक्त में से कोई नहीं

Q 32) प्राकृतिक ड्राफ्ट कूलिंग टावर्स मुख्य रूप से .... में उपयोग किए जाते हैं

1) इस्पात संयंत्र

2) पावरस्टेशन

3) उर्वरक पौधे

4) एल्युमीनियम निर्माण संयंत्र

Q 33) बड़ी वस्तुओं को हटाने के लिए पानी के पूर्व उपचार में किसका प्रयोग किया जाता है?

1) बैक्टीरिया

2) तेल और ग्रीस

3) वायु

4) स्क्रीन

Q 34) बाष्पीकरण में रेफ्रिजरेंट .... पर प्रवेश करता है

1) बहुतकमदबाव

2) कम दबाव

3) मध्यम दबाव

4) उच्च दबाव

Q 35) बड़े रेफ्रिजरेशन और सेंट्रल एयर कंडीशनिंग सिस्टम में इस्तेमाल होने वाले बाष्पीकरण का प्रकार है

1) शैलऔरट्यूबबाष्पीकरणकर्ता

2) फिनेड बाष्पीकरणकर्ता

3) प्लेट सतह बाष्पीकरणकर्ता

4) बेयर ट्यूब बाष्पीकरणकर्ता

Q 36) बर्फ के डिब्बे को ऊंचाई में पतला क्यों बनाया जाता है?

1)वजन कम करने के लिए

2) डंपिंगकीसुविधाकेलिए

3) उपस्थिति में सुधार करने के लिए

4) निर्माण को आसान बनाने के लिए

Q 37) आपेक्षिक आर्द्रता मापने के लिए प्रयोग किया जाने वाला उपकरण ....

1) बैरोमीटर

2) साइक्रोमीटर

3) मैनोमीटर

4) दबाव नापने का यंत्र

Q 38) यांत्रिक प्रशीतन इकाई के उच्च दाब पक्ष पर दाब कहलाता है

1) चूषण दबाव

2) निर्वहनयासिरकादबाव

3) डिफरेंशियल प्रेशर _

4) पूर्ण दाब _

Q 42) सूखे बल्ब का तापमान (DBT) .... का वास्तविक तापमान होता है।

1) नमहवा

2) शुष्क हवा

3) सूखी बर्फ

4) संतृप्त हवा

Q 43) AHU का मतलब ....

1) एयरहैंडलिंगयूनिट

2) एयर हीटिंग यूनिट

3) एयर ह्यूमिडिफाइंग यूनिट

4) इनमें से कोई नहीं

Q 44) चिकित्सा उद्योग में __________ के लिए प्रशीतन का उपयोग किया जाता है

1) रक्तसंचयकरना

2) पेट्रोलियम का शोधन

3) बर्फ का उत्पादन

4) रॉकेट ईंधन का उत्पादन

Q 46) सर्विस वॉल्व को खोलने और बंद करने के लिए निम्न में से किस टूल का उपयोग किया जाता है?

1) बेलनाकारवाल्वकुंजी

2) पिंचिंग टूल

3) पंच सेट

4) स्वैगिंग टूल

Q 47) __________ एक काटने का उपकरण है जिसका उपयोग धातु की सतह को चिकना बनाने के लिए किया जाता है।

1) फ़ाइल

2) हक्सॉ

3) स्क्राइबर

4) ट्रमेल

Q 48) इनमें से किसका उपयोग लकड़ी में गहरे छेद करने के लिए किया जाता है?

1) जिमलेट

2) हिस्सेदारी

3) स्नैप

4) मैलेट

Q 49) निम्नलिखित में से कौन सा उपकरण एक सर्किट में विद्युत प्रवाह को मापता है

1) अमीटर

2) वाटमीटर

3) वोल्टमीटर

4) वाट-घंटे मीटर

Q 50) __________ एक कुचालक नहीं है।

1) यूरेका

2) अभ्रक

3) एबोनाइट

4) ग्लास

Q 51) प्रतिबाधा की इकाई___________ है।

1) ओहम

2) ओम-मीटर

3) हेनरी

4) फैराडी

Q 52) यूनिवर्सल एसी मोटर _________ टॉर्क प्रदान करती है और _________ गति से संचालित होती है।

1) ऊँचा, ऊँचा

2) उच्च, निम्न

3) कम, उच्च

4) कम, कम

Q 53) निम्नलिखित में से किस स्थान पर स्लिप रिंग मोटर का उपयोग किया जाता है 1. प्लेनर 2. क्रेन 3. खराद 4. ग्राइंडर स्लॉटर नीचे दिए गए कोड से सही उत्तर चुनें।

1) 1,2

2) 2,3

3) 1,2,3

4) 2,4

Q 54) _____________ का उपयोग मुख्य रूप से कंप्रेसर में किया जाता है।

1) कैपेसिटरस्टार्टकैपेसिटररनमोटर

2) हिस्टैरिसीस मोटर

3) छायांकित पोल प्रेरण मोटर

4) प्रतिकर्षण मोटर _

Q 55) जर्मेनियम के साथ ___________ जोड़कर पी-टाइप सेमीकंडक्टर नहीं बनाया जा सकता है।

1) आर्सेनिक

2) ईण्डीयुम

3) गैलियम

4) बोरोन

Q 56) लेजर डायोड __________ में अपना अनुप्रयोग पाता है

1) फाइबरएम्पलीफायर

2) टेलीविजन रिसीवर

3) रिमोट कंट्रोल

4) फोटो कंडक्टर

Q 58) इनमें से किसका उपयोग प्रशीतन के लिए प्रयुक्त मशीन में चार्जर के रूप में किया जाता है?

1) रेफ्रिजरेंटएडेप्टर

2) चार्जिंग मीटर

3) वैक्यूम पंप

4) कंप्रेसर तेल चार्जिंग पंप

Q 59) वाष्प अवशोषण प्रशीतन में, ___________ का उपयोग प्रशीतन के लिए किया जाता है।

1) ऊष्माऊर्जा

2) यांत्रिक ऊर्जा

3) स्थितिज ऊर्जा

4) रासायनिक ऊर्जा

Q 61) कम्प्रेसर को कंप्रेशन की विधि के अनुसार _________ में वर्गीकृत नहीं किया जा सकता है।

1) मल्टीस्टेजकंप्रेसर

2) पारस्परिक कंप्रेसर

3) घूर्णन कंप्रेसर

4) केन्द्रापसारक कंप्रेसर

22] गैर-संघननीय गैसों की उपस्थिति के कारण संघनक दबाव, गैर-संघनन योग्य गैसों के बिना संघनक तापमान के लिए वास्तव में आवश्यक की तुलना में,

(ए) उच्चहोगा

(बी) कम होगा

(सी) अप्रभावित रहेगा

(डी) गैर-संघननीय गैसों की प्रकृति के आधार पर उच्च या निम्न हो सकता है

23]एक तरल का महत्वपूर्ण दबाव दबाव है

(ए) जिसकेऊपरतरलतरलरहेगा

(बी) जिसके ऊपर तरल गैस बन जाता है
(सी) जिसके ऊपर तरल वाष्प बन जाता है
(डी) जिसके ऊपर तरल ठोस हो जाता है
24]गंभीर तापमान' वह तापमान है जिसके ऊपर
(ए) एकगैसकभीतरलनहींहोगी
(बी) एक गैस तुरंत तरल हो जाएगी
(सी) पानी वाष्पित हो जाएगा
(डी) पानी कभी वाष्पित नहीं होगा
25]रेफ्रिजरेटर के लिए रेफ्रिजरेंट में होना चाहिए
(ए) उच्च समझदार गर्मी
(बी) उच्च कुल गर्मी फ्लूइड
(सी) उच्चगुप्तगर्मी
(डी) कम गुप्त गर्मी
26]घरेलू रेफ्रिजरेटर की रेटिंग के क्रम की है
(ए) 0] 1 टन
(बी) 5 टन
(सी) 10 टन
(डी) 40 टन
27]घरेलू रेफ्रिजरेटर का सीओपी
(ए) 1 . से कम है
(बी) 1 . सेअधिकहै
(सी) 1 . के बराबर है
(डी) मेक . पर निर्भर करता है
28]घरेलू रेफ्रिजरेटर निम्न प्रकार के कंप्रेसर का उपयोग करता है
(ए) केन्द्रापसारक
(बी) अक्षीय
(सी) लघु मुहरबंद इकाई
(डी) पिस्टनप्रकारपारस्परिक
29]रेफ्रिजरेंट में नमी की उपस्थिति किसकी कार्यप्रणाली को प्रभावित करती है?
(ए) कंप्रेसर
(बी) कंडेनसर
(सी) बाष्पीकरण
(डी) विस्तारवाल्व]

30]हवाई जहाज में रेफ्रिजरेशन आमतौर पर निम्नलिखित रेफ्रिजरेंट का उपयोग करता है

(ए) सीओ 2

(बी) फ़्रीऑन 11

(सी) फ्रीन 22

(डी) वायु

31]वाष्प संपीड़न चक्र पर काम करने वाला घरेलू रेफ्रिजरेटर निम्नलिखित प्रकार के विस्तार उपकरण का उपयोग करता है

(ए) विद्युत संचालित थ्रॉटलिंग वाल्व

(बी) मैन्युअल रूप से संचालित वाल्व

(सी) थर्मोस्टाटिक वाल्व

(डी) केशिकाट्यूब

32]एयर रेफ्रिजरेशन चालू होता है

(ए) कार्नोट चक्र

(बी) उलट कार्नोट चक्र

(सी) रैंकिन चक्र

(ई) ब्रेटनचक्र]

33]वायु प्रशीतन चक्र का प्रयोग किया जाता है

(ए) घरेलू रेफ्रिजरेटर

(बी) वाणिज्यिक रेफ्रिजरेटर

(सी) एयर कंडीशनिंग

(डी) गैसद्रवीकरण

34]वाष्प संपीड़न चक्र में, विस्तार वाल्व के तुरंत बाद रेफ्रिजरेंट होता है

(एक द्रव

(बी) सबकूल्ड तरल

(सी) संतृप्त तरल

(डी) गीलावाष्प

35]रेफ्रिजरेंट का वाष्प दाब होना चाहिए

(ए) वायुमंडलीय दबाव से कम

(बी) वायुमंडलीयदबावसेअधिक

(सी) वायुमंडलीय के बराबर

(डी) कुछ भी हो सकता है

36]रेफ्रिजरेटर के बेहतर सीओपी के लिए, बाष्पीकरणकर्ता और कंडेनसर में तापमान के अनुरूप दबाव सीमा होनी चाहिए

(ए) छोटा

(बी) उच्च

(सी) Euqal

(डी) कुछ भी

37]घरेलू रेफ्रिजरेटर के पीछे ट्यूबों का किनारा है

(ए) कंडेनसरट्यूब

(बी) बाष्पीकरण ट्यूब

(सी) रेफ्रिजरेंट कूलिंग ट्यूब

(डी) केशिका ट्यूब

38]वाष्प संपीड़न चक्र में उच्च तापमान होता है

(ए) रिसीवर

(बी) विस्तार वाल्व

(सी) बाष्पीकरणकर्ता

(ई) कंप्रेसरनिर्वहन]

39]प्रशीतन चक्र में पाया गया उच्चतम तापमान होना चाहिए

(ए) रेफ्रिजरेंट के महत्वपूर्ण तापमान के पास

(बी) महत्वपूर्ण तापमान से ऊपर

(सी) क्रिटिका पर] तापमान

(डी) महत्वपूर्णतापमानसेकाफीनीचे

40] रेफ्रिजरेटर में, कंडेनसर और फ्लो कंट्रोलिंग डिवाइस के बीच लिक्विड रिसीवर की आवश्यकता होती है, यदि सिस्टम के लिए रेफ्रिजरेंट की मात्रा है

(ए) 2 किलो से कम

(बी) 3 सेअधिकयाबराबर] 65 किलो

(सी) 10 किलो से अधिक

(डी) ऐसा कोई विचार नहीं है

Q 62) पारस्परिक कम्प्रेसर की तुलना में केन्द्रापसारक कम्प्रेसर की दक्षता है

1) उच्च

2) कम

3) बराबर

4) कम या बराबर

Q 63) निम्नलिखित में से कौन सा कम्प्रेसर मुख्य रूप से रेफ्रिजरेंट द्रव के लिए सबसे उपयुक्त माना जाता है

1) स्क्रॉलकंप्रेसर

2) भली भांति बंद करके सील कंप्रेसर

3) स्वाश प्लेट कंप्रेसर

4) वोबल प्लेट कंप्रेसर

Q 64) वेट कम्प्रेशन ____________ कंप्रेसर दक्षता।

1) बढ़ता है

2) घटताहै

3) आधा

4) पर कोई प्रभाव नहीं पड़ता

Q 65) एयर कूल्ड कंडेनसर की तुलना में वाटर कूल्ड कंडेनसर में ____________ हीट ट्रांसफर रेट होता है।

1) उच्च

2) कम

3) बराबर

4) कम या बराबर

Q 66) इनमें से कौन एक टैंक के आकार का उपकरण है जिसका उपयोग रेफ्रिजरेशन में लिक्विड रेफ्रिजरेंट को स्टोर करने के लिए किया जाता है

1) तरलरिसीवर

2) कंडेनसर

3) कंप्रेसर तेल चार्जिंग पंप

4) बाष्पीकरणकर्ता

Q 67) कंप्रेसर रेफ्रिजरेंट को उच्च दबाव में __________ तक संपीड़ित करता है

1) तापमानमेंवृद्धि

2) रेफ्रिजरेंट को गर्म करें

3) तापमान कम करें

4) रेफ्रिजरेंट को संघनित करें

Q 68) कंडेनसर में हवा और पानी दोनों का उपयोग शीतलन माध्यम के रूप में किया जाता है।

1) बाष्पीकरणीय

2) खोल और ट्यूब

3) खोल और कुंडल

4) एयर कूल्ड

Q 69) प्लेट सतह बाष्पीकरण का उपयोग ____________ में नहीं किया जाता है

1) खाद्यप्रसंस्करणउद्योग

2)आइसक्रीम कैबिनेट -

3) घरेलू रेफ्रिजरेटर

4) फ्रीजर

Q 70) बाष्पीकरणकर्ता से प्राप्त रेफ्रिजरेंट में मौजूद तरल रेफ्रिजरेंट की मात्रा को कंडेनसर में प्रवेश करने से रोकने के लिए, ____________ को बाष्पीकरणकर्ता और कंप्रेसर के बीच जोड़ा जाता है।

1) संचायक

2) सुपरहीटर

3) बोतल कूलर

4) वाटर कूलर

Q 71) रिवर्स साइकिल डीफ्रॉस्टिंग में, बाष्पीकरणकर्ता _________ की तरह काम करता है।

1) कंडेनसर

2) बाष्पीकरणकर्ता ही

3) विस्तार वाल्व

4) संचयक

Q 72) स्वचालित विस्तार वाल्व अपना आवेदन कहाँ पाते हैं?

1) घरेलूरेफ्रिजरेटरमें

2) खाद्य प्रसंस्करण इकाइयों में

3) एयर कंडीशनर में

4) आइसक्रीम के पौधों में

Q 73) केशिका ट्यूब के दबाव का परिवर्तन ___________ केशिका ट्यूब का व्यास है।

1) सीधे आनुपातिक

2) . केव्युत्क्रमानुपाती

3) . के वर्ग के सीधे आनुपातिक

4) . के वर्ग के व्युत्क्रमानुपाती

Q 74) निम्नलिखित में से कौन एयर कंडीशनिंग सिस्टम में रेफ्रिजरेंट से नमी को हटाता है

1) सुखानेकीमशीन

2) विस्तार वाल्व

3) कंडेनसर

4) केशिका नली

Q 75) इनमें से कौन द्वितीयक रेफ्रिजरेंट है

1) नमकीन

2) अमोनिया

3) फ्रीऑन

4) मिथाइल क्लोराइड

Q 76) Freon-12 का रासायनिक सूत्र__________ है।

1) CCl2F2

2) CF2

3) CCl2

4) सीसीएल4

Q 77) मीथेन (CH4) के लिए रेफ्रिजरेंट प्रतीक _____________ है

1) आर-50

2) आर-14

3) आर-11

4) आर-240

Q 78) ____________ एक एंटी-फ्रीज पदार्थ नहीं है। _____________

1) मेथिलीनक्लोराइड

2) मिथाइल अल्कोहल

3)एथिलीन ग्लाइकोल

4) ग्लिसरीन

Q 79) रेफ्रिजरेशन में उपयोग किए जाने वाले इनमें से किस थर्मल इंसुलेशन का घनत्व सबसे अधिक होता है

1) कैल्शियमसिलिकेट

2) कपास

3) दानेदार बनाना

4) ऊनी

Q 80) _____________ एक आउटलेट ग्रिल है जिसे डक्ट सिस्टम में हवा की दिशा को निर्देशित करने के लिए डिज़ाइन किया गया है।

1) डिफ्यूज़र

2) बेदखलदार

3) रजिस्टर

4) कन्वर्टर

Q 81) ऑटोमोटिव वाहनों में इस्तेमाल होने वाले फ्री व्हील को __________ के रूप में भी जाना जाता है

1) ओवररनिंगक्लच

2) रनिंग क्लूथ के तहत

3) चुंबकीय क्लच

4) स्वचालित क्लच

Q 82) एक कार एसी में, कंप्रेसर ___________ से जुड़ा होता है।

1) इंजन

2) क्लच

3) चेसिस

4) पहिए

क्यू 83) यदि स्प्लिट एसी अपर्याप्त एयर कूलिंग दे रहा है, तो दिए गए में से कौन सा संभावित कारण है

1) एयरफिल्टरगंदाहै

2) टाइमर सेटिंग बदली जाती है

3) मुख्य आपूर्ति दोषपूर्ण है

4) बाहरी तापमान कम होता है

Q 84) __________ एक एयर कंडीशनिंग सिस्टम में दबाव और वैक्यूम को मापता है।

1) कंपाउंडगेज

2) वैक्यूम गेज

3) टैकोमीटर

4) दबाव नापने का यंत्र

Q 85) विंडो एयर कंडीशनर में, __________ बाष्पीकरणकर्ता का उपयोग किया जाता है।

1) फिनप्रकार

2) कुंडल प्रकार

3) सर्पिल

4) डक्ट-टाइप

Q 86) रेफ्रिजरेशन सिस्टम के कंप्रेसर में खराबी और ड्रायर आदि के ब्लॉक होने की स्थिति में, __________ किया जाता है।

1) रेट्रोफिटिंग

2) सक्शन

3) इन्सुलेशन

4) विस्तार

Q 87) इनमें से कौन सा नम तापमान और वास्तविक तरल रेफ्रिजरेंट तापमान के बीच का अंतर है

1) सब-कूलिंग

2) सुपरहीटिंग

3) वाष्पीकरण

4) संघनन

Q 88) एक्सपेंशन वाल्व बाष्पीकरणकर्ता में ______________ को नियंत्रित करता है।

1) <u>रेफ्रिजरेंटकीमात्रा</u>

2) प्रणाली का तापमान

3) रेफ्रिजरेंट का तापमान

4) प्रणाली का दबाव

Q 89) स्क्रू कंप्रेसर का वह भाग जिससे रोटर जुड़ा होता है, ____________ कहलाता है।

1) <u>आवास</u>

2) चालक

3) डिस्चार्ज पोर्ट

4) आवरण

क्यू 90) कंप्रेसर में दबाव ड्रॉप के दौरान वॉल्यूमेट्रिक दक्षता का क्या होता है

1) <u>यहबढ़ताहै</u>

2) यह घटता है

3) यह अपरिवर्तित रहता है

4) यह बढ़ या घट सकता है

41]अवशोषण प्रणाली सामान्य रूप से निम्नलिखित रेफ्रिजरेंट का उपयोग करती है

(ए) फ्रीन 11

(बी) फ्रीन 22

(सी) सी02

(ई) <u>अमोनिया</u>]

42] लिक्विड रेफ्रिजरेंट को सब-कूलिंग करने के उद्देश्यों में से एक है:

(ए) कंप्रेसर ओवरहीटिंग को कम करें

(बी) कंप्रेसर डिस्चार्ज तापमान को कम करें

(सी) शीतलन प्रभाव में वृद्धि

(डी) <u>सुनिश्चितकरेंकिकेवलतरलऔरवाष्पविस्तार (थ्रॉटलिंग) वाल्वमेंप्रवेशनहींकरताहै</u>

43] वाष्प संपीड़न चक्र में COP का मान आमतौर पर होता है

(ए) हमेशा एकता से कम

(बी) <u>हमेशाएकतासेअधिक</u>

(सी) एकता के बराबर

(डी) उपरोक्त में से कोई एक

44] एक प्रशीतन प्रणाली में, अस्वीकृत गर्मी की तुलना में अवशोषित गर्मी है

(ए) अधिक

(बी) क्रम

(सी) वही

(डी) छोटी क्षमता के लिए अधिक और उच्च क्षमता के लिए कम

45] एक रेफ्रिजरेटर में संघनक तापमान तापमान है

(ए) शीतलन माध्यम का

(बी) ठंड क्षेत्र का

(सी) बाष्पीकरण का

(डी) जिसपररेफ्रिजरेंटगैसतरलहोजातीहै

46] रेफ्रिजरेटर में बाष्पीकरण करने वाले पर पाले का बनना

(ए) खराबगर्मीहस्तांतरणकेकारणगर्मीकानुकसानहोताहै

(बी) गर्मी हस्तांतरण दर बढ़ जाती है

(सी) सारहीन है

(डी) उचित डिजाइन से बचा जा सकता है

47] रेफ्रिजरेटर में, वाष्पित होने वाले रेफ्रिजरेंट और ठंडा होने वाले माध्यम के बीच तापमान का अंतर होना चाहिए

(ए) उच्च, 25 डिग्री . के क्रम का

(बी) जितनासंभवहोउतनाकम (3 से 11 डिग्रीसेल्सियस)

(सी) शून्य

(डी) कोई मूल्य

48]एक बाढ़ वाले बाष्पीकरण रेफ्रिजरेटर में, कंप्रेसर के चूषण पर एक संचायक का उपयोग किया जाता है

(ए) तरलरेफ्रिजरेंटइकट्ठाकरेंऔरइसेकंप्रेसरमेंजानेसेरोकें

(बी) वाष्प में तरल का पता लगाएं

(सी) वाष्प को सुपरहिट करें

(डी) वाष्प इकट्ठा

49]संचारकों के पास रेफ्रिजरेंट चार्ज को कम से कम स्टोर करने के लिए पर्याप्त मात्रा में होना चाहिए

(ए) 10%

(बी) 25%

(सी) 50%

(डी) 75%

50]कम तापमान और दबाव पर, एक रेफ्रिजरेंट के वाष्पीकरण की गुप्त गर्मी

(ए) घटता है

(बी) बढ़ताहै

(सी) वही रहता है

(डी) अन्य कारकों पर निर्भर करता है

51] एक प्रशीतन चक्र + 27 डिग्री सेल्सियस के कंडेनसर तापमान और 23 डिग्री सेल्सियस के बाष्पीकरण तापमान के बीच संचालित होता है] चक्र के प्रदर्शन का गुणांक नहीं होगा

(ए)0]2

(बी)1]2

(सी) 5

(डी) 6

52]निम्नलिखित में से कौन एक रेफ्रिजरेंट की वांछनीय संपत्ति नहीं है

(ए) तेल के साथ उच्च त्रिकोणीयता

(बी) कम उबलते बिंदु

(सी) अच्छाविद्युतकंडक्टर

(डी) बड़ी गुप्त गर्मी

53]वाष्प संपीड़न प्रशीतन प्रणाली में, रेफ्रिजरेंट तरल के रूप में होता है

(ए) कंडेनसर और विस्तार वाल्व

(बी) कंप्रेसर और बाष्पीकरणकर्ता

(सी) विस्तारवाल्वऔरबाष्पीकरणकर्ता

(डी) कंप्रेसर और कंडेनसर

54]अमोनिया अवशोषण प्रणाली में एक माध्यम से दूसरे माध्यम में गर्मी छोड़ने के बारे में सही कथन चुनें

(ए) कमजोर समाधान के लिए मजबूत समाधान

(बी) मजबूतसमाधानकेलिएकमजोरसमाधान

(सी) अमोनिया वाष्प के लिए मजबूत समाधान

(डी) कमजोर समाधान के लिए अमोनिया वाष्प

55]कॉर्नोट इंजन की दक्षता 80% के रूप में दी गई है] यदि चक्र की दिशा उलट दी जाती है, तो उलटे कार्नोट चक्र के सीओपी का मूल्य क्या होगा

(ए)1]25

(बी)0]8

(सी)0]5

(डी) 0]25

56]प्रशीतन प्रणाली में आने वाला उच्चतम दबाव होना चाहिए

(ए) रेफ्रिजरेंट का महत्वपूर्ण दबाव

(बी) महत्वपूर्णदबावसेकाफीनीचे

(सी) महत्वपूर्ण दबाव से काफी ऊपर

(डी) महत्वपूर्ण दबाव के पास

57] यदि एक ताप पंप चक्र +27°C के कंडेनसर तापमान और 23°C के बाष्पीकरण तापमान के बीच संचालित होता है, तो Carnot COP होगा

(ए)0]2

(बी)1]2

(सी) 5

(डी) 6

58] एक निश्चित रेफ्रिजरेटिंग सिस्टम में 10 किग्रा/सेमी गेज का सामान्य ऑपरेटिंग चूषण दबाव और लगभग 67 किग्रा/सेमी का संघनक दबाव होता है] इस्तेमाल किया जाने वाला रेफ्रिजरेंट है

(ए) अमोनिया

(बी) कार्बनडाइऑक्साइड

(सी) फ्रीऑन

(डी) ब्राइन

59]एक्वा अमोनिया का प्रयोग निम्न प्रकार के रेफ्रिजरेशन सिस्टम में रेफ्रिजरेंट के रूप में किया जाता है:

(ए) संपीड़न

(बी) प्रत्यक्ष

(सी) अप्रत्यक्ष

(डी) अवशोषण

60]यदि किसी पौधे का बाष्पीकरण तापमान कम किया जाता है, तो कंडेनसर तापमान को स्थिर रखते हुए, h]p] कंप्रेसर की आवश्यकता होगी

(ए) वही

(बी) अधिक

(सी) कम

(डी) रेटिंग के आधार पर अधिक / कम

Q 91) वाणिज्यिक कंप्रेसर के अनुप्रयोग क्या हैं 1. वाटर कूलर 2. कोल्ड स्टोरेज 3. आइस क्यूब मशीन उपरोक्त विकल्पों में से, इनमें से कौन सा सही है

1) 1,2,3

2) 2,3

3) 1,3

4) 1,2

क्यू 92) एक कंप्रेसर में अटका हुआ दोष का अर्थ है______।

1) कंप्रेसरकसकरकामकररहाहै

2) कंप्रेसर शोर कर रहा है

3) कंप्रेसर में घर्षण होता है

4) कंप्रेसर शुरू नहीं हो रहा है

Q 93) प्राकृतिक हवा को बंद कूलिंग टॉवर में प्रवेश करने के लिए निम्न में से किसका उपयोग किया जाता है?

1) फैन

2) ब्लोअर _

3) कूलर

4) एयर कंडीशनर

Q 94) __________ हवा के प्रवाह को नियंत्रित करने के लिए एक प्राकृतिक ड्राफ्ट कूलिंग टॉवर में संलग्न हैं।

1) लौवरस

2) स्प्रे नोजल

3) हैडर

4) वाल्व

Q 95) मैकेनिकल ड्राफ्ट कूलिंग टावर्स की परिचालन लागत की तुलना प्राकृतिक ड्राफ्ट से की जाती है____

1) उच्च

2) कम

3) बराबर

4) अतुलनीय

Q 96) गीले बल्ब का तापमान कूलिंग टॉवर की क्षमता ________ है।

1) व्युत्क्रमानुपाती

2) सीधे आनुपातिक

3) . के वर्ग के व्युत्क्रमानुपाती

4) . के वर्ग के सीधे आनुपातिक

Q 97) स्लज आमतौर पर __________ के कारण बनता है।

1) कैल्शियमक्लोराइड

2)जिंक क्लोराइड

3) हाइड्रोक्लोरिक एसिड

4) सल्फ्यूरिक अम्ल

Q 98) इनमें से कौन सा स्केल फॉर्मेशन के लिए दिया गया बाहरी उपचार नहीं है

1) कोलाइडलउपचार

2) आयन एक्सचेंज प्रक्रिया।

3) जिओलाइट प्रक्रिया

4) सोडा लाइम प्रोसेस

Q 99) पानी के विद्युत उपचार में, __________ वाष्प से भरे सीलबंद कांच के बल्बों को स्केल बनाने की प्रक्रिया को अवरुद्ध करने के लिए सिस्टम में रखा जाता है।

2) <u>सोडियम</u>

3) हीलियम

4) आर्गन

Q 101) वाल्व द्वारा पारित रेफ्रिजरेंट की मात्रा _____________ बाष्पीकरणकर्ता द्वारा वाष्पीकृत किए गए रेफ्रिजरेंट की मात्रा है।

1) <u>बराबर</u>

2) आधा

3) एक चौथाई

4) डबल

Q 102) ______________ का उपयोग बाढ़ वाले बाष्पीकरण में एक विस्तार वाल्व के रूप में किया जाता है।

1) <u>फ्लोटवाल्व</u>

2) थर्मोस्टेटिक वाल्व

3) केशिका ट्यूब

4) छिद्र नियंत्रण वाल्व

क्यू 103) ब्राइन चिलर वाष्प संपीड़न प्रशीतन प्रणाली के ____________ के समान है।

1) <u>बाष्पीकरणकर्ता</u>

2) कंडेनसर

3) कंप्रेसर

4)केशिका नली

Q 104) कंडेनसर क्षमता __________ में मापी जाती है

1) <u>किलोवाट</u>

2) केवी

3) केवीए

4) केए

Q 105) कंडेनसर की क्षमता _____________ का कार्य नहीं है

1) <u>रेफ्रिजरेंटकाआयतन</u>

2) संघनित्र का पृष्ठीय क्षेत्रफल

3) समग्र गर्मी हस्तांतरण गुणांक

4) रेफ्रिजरेंट और कंडेनसर माध्यम के बीच तापमान का अंतर

Q 106) बाष्पीकरणीय संघनित्र में शीतलक माध्यम ____________ है

1) <u>हवाऔरपानीदोनों</u>

2) नमकीन

3) केवल हवा

4) केवल पानी

Q 107) गीले बल्ब का तापमान __________ का माप है।

1) <u>पूर्णआर्द्रता</u>

2) पूर्ण दबाव

3) सापेक्षिक आर्द्रता

4) विशिष्ट ऊष्मा

Q 108) जिस तापमान पर हवा में नमी संघनित होने लगती है उसे ____________ कहा जाता है।

1) <u>ओसबिंदुतापमान</u>

2) गीले बल्ब का तापमान

3) शुष्क बल्ब तापमान

4) ओस बिंदु अवसाद

Q 109) घर्षण विधि का उपयोग करके एक कुशल डक्ट प्राप्त करने के लिए आमतौर पर __________ डक्ट सिस्टम का उपयोग किया जाता है।

1) <u>आयताकार</u>

2) स्क्वायर

3) परिपत्र

4) त्रिकोणीय

Q 110) ____________ प्रकार के वितरण का उपयोग करके बड़े कार्यालयों में डक्टिंग की जाती है।

1) <u>छतपैनल</u>

2) ऊपर की ओर

3) पान

4) दीवार

Q 111) इनमें से कौन सा कंडेनसर यूनिट के अनुचित कार्य करने का संभावित कारण नहीं है?

1) <u>तापमानसेटनहींहै</u>

2) कंडेनसर गंदा हो गया है

3) हवा नहीं बहती

4) स्प्रे नोजल बंद है

Q 112) दो वाहिनी रेखाओं को समकोण पर जोड़ने के लिए उपयोग किए जाने वाले डक्ट के हिस्से को __________ कहा जाता है

1) स्टैकएल्बो

2) आउटलेट पोर्ट

3) डक्ट जॉइंट

4) टी जॉइंट

Q 113) डायरेक्ट एक्सपेंशन सिस्टम में इनमें से कौन प्लांट रूम में पाया जाता है?

2) एयरफिल्टर

3) बाष्पीकरणकर्ता

4) रिटर्न एयर डक्ट

Q 114) __________ एक उपकरण है जिसके द्वारा ठंडी, स्वच्छ और आर्द्र हवा प्राप्त की जा सकती है।

1) एयरवॉशर

2) पंखे का तार

3) राहत वाल्व

4) स्प्रे नोजल

Q 115) विद्युत यांत्रिक नियंत्रणों के उपयोग के लिए सर्किट में ____________ स्थापित किया जाता है।

1) रिले

2) मेगगार

3) सर्किट ब्रेकर

4) फ्यूज

Q 116) H, HVAC सिस्टम में __________ के लिए खड़ा है।

1) हीटिंग

2) हीलिंग

3) होनिंग

4) भारी

क्यू 117) ___________कुंडली एचवीएसी प्रणाली में फिट की जाती है।

1) हीटिंगऔरकूलिंगदोनों

2) केवल हीटिंग

3) केवल कूलिंग

4) संघनन

Q 118) एक कार एसी में, कंडेनसर _____________ के पास लगाया जाता है

1) रेडिएटर

2) रियर व्हील

3) क्रैंककेस

4) चुंबकीय क्लच

Q 119) कार एसी __________ पर चलने पर अधिकतम दक्षता से संचालित होती है

1) उच्चगति

2) शून्य गति

3) कम गति

4) शून्य भार

Q 120) कार एसी सिस्टम में __________ के क्रम में डाई डाली जाती है। ____________

1) गैसरिसावकीपहचानकरें

2) इंजन को लुब्रिकेट करें

3) दक्षता में वृद्धि

4) गति बढ़ाएं

Q 121) निम्नलिखित में से कौन एक एसी संयंत्र में गर्मी भार गणना को प्रभावित नहीं करता है

1) बाहरीतापमान

2) आपेक्षिक आर्द्रता

3) ओस बिंदु _

4) नमी

क्यू 122) कंडेनसर में __________ पानी के आवश्यक स्तर को बनाए रखता है।

1) फ्लोस्विच

2) अधिभार सर्किट

3) कट-आउट स्विच -

4) छलनी

Q 123) सेंट्रल एसी प्लांट में पंखे और ब्लोअर का प्रयोग __________ है

1) वायुकासंचार

2) हीटिंग

3) ठंडा करना

4) द्रुतशीतन

Q 124) ग्रीष्मकालीन एयर कंडीशनिंग में हवा की प्रकृति __________ है

1) गर्म और आर्द्रीकृत

2) गरम और निरार्द्रीकरण

3) ठंडा और आर्द्रीकरण

4) ठंडाऔरनिरार्द्रीकरण

Q 125) यदि एक डीप फ्रीजर पर्याप्त शीतलन नहीं देता है, तो यह __________ के कारण होना चाहिए

1) दरवाजेकालगातारखुलना

2) बिजली की आपूर्ति नहीं

3) उच्च बाहरी दबाव

4) उच्च बाहरी तापमान

Q 126) इनमें से कौन आइसक्रीम के पौधे का हिस्सा नहीं है?

1) आइसबिन

2) हीट एक्सचेंजर

3) पाश्चराइज़र

4) होमोजेनाइज़र

Q 127) __________ को चालू करने पर, अधिक शीतलन के कारण उत्पन्न बर्फ पिघलने लगती है

1) डीफ्रॉस्टस्विच

2) अधिभार रिले

3) फ्लो स्विच

4) थर्मोस्टेट

Q 128) गाजर को ____________ के तापमान पर 3 महीने तक स्टोर किया जा सकता है

1) 2 डिग्रीसेल्सियस

2) 8 डिग्री सेल्सियस

3) 5 डिग्री सेल्सियस

4) 10 डिग्री सेल्सियस

Q 129) कोल्ड स्टोरेज क्षमता की इकाई __________ है।

1) टन

2) किलोग्राम

3) घन मीटर

4) डिग्री केल्विन

61] एक प्रशीतन चक्र में, रेफ्रिजरेंट के प्रवाह को नियंत्रित किया जाता है

(ए) कंप्रेसर

(बी) कंडेनसर

(सी) बाष्पीकरणकर्ता

(डी) विस्तारवाल्व

62]वाष्प संपीडन चक्र में सबसे कम तापमान कहाँ होता है?

(ए) कंडेनसर

(बी) बाष्पीकरणकर्ता

(सी) कंप्रेसर

(डी) विस्तार वाल्व

63]फ्रीन का उपयोग कर एक प्रशीतन प्रणाली में रिसाव का पता लगाया जाता है

(ए) हलाइडमशालजोपतालगानेपरहरीलौप्रकाशउत्पन्नकरतीहै

(बी) सल्फर की छड़ें जो पता लगाने पर सफेद धुआं देती हैं

(सी) अभिकर्मकों का उपयोग करना

(डी) महक

64]गलत कथन को सुधारें

(ए) वाष्प अवशोषण चक्र में प्रयुक्त लिथियम ब्रोमाइड गैर-वाष्पशील है

(बी) लिथियम ब्रोमाइड संयंत्र 0 डिग्री सेल्सियस से नीचे काम नहीं कर सकता

(सी) लिथियमब्रोमाइडसंयंत्रमेंअवांछितजलवाष्पकोसंघनितकरके हटानेकेलिएएकविभाजककाउपयोगकियाजाताहै

(डी) लिथियम ब्रोमाइड जनरेटर से निकलने वाले समाधान की एकाग्रता जनरेटर में प्रवेश करने की तुलना में अधिक है

66] समान प्रशीतन भार और समान तापमान सीमा के लिए Freon12 की तुलना में NH3 का द्रव्यमान प्रवाह अनुपात किस क्रम का है

(ए)1: 1

(बी) 1: 9

(सी) 9: 1

(डी)1 : 3

67]फ्रीन समूह के रेफ्रिजरेंट हैं

(ए) ज्वलनशील

(बी) विषाक्त

(सी) गैर ज्वलनशील और विषाक्त

(ई) गैर-विषैलेऔरगैर-ज्वलनशील]

68 अमोनिया is

(ए) गैर-विषैले

(बी) गैर ज्वलनशील

(सी) विषाक्त और गैर ज्वलनशील

(डी) अत्यधिकजहरीलाऔरज्वलनशील

69] NH3 को रेफ्रिजरेंट के रूप में इस्तेमाल करते हुए वाष्प संपीड़न चक्र में, प्रारंभिक चार्ज पर भरा जाता है

(ए) कंप्रेसर का चूषण

(बी) कंप्रेसर की डिलीवरी

(सी) रिसीवरकेकरीबउच्चदबावपक्ष

(डी) रिसीवर के पास कम दबाव पक्ष

70]प्रेशरथैल्पी चार्ट शो पर छोटी क्षैतिज रेखाएं

(ए) निरंतरदबावरेखाएं

(बी) निरंतर तापमान रेखाएं

(सी) निरंतर कुल गर्मी रेखाएं

(डी) निरंतर एन्ट्रॉपी लाइनें

71] दाब एन्थैल्पी आरेख में संघनन और असुपरहीटिंग को एक क्षैतिज रेखा द्वारा निरूपित किया जाता है क्योंकि प्रक्रिया

(ए) मात्रा में कोई परिवर्तन शामिल नहीं है

(बी) स्थिर तापमान पर होता है

(सी) निरंतर एन्ट्रॉपी पर होता है

(ई) निरंतरदबावमेंहोताहै]

72]एक टन रेफ्रिजरेशन है

(ए) प्रशीतन समस्याओं में प्रयुक्त मानक इकाई

(बी) 1 टन बर्फ पिघलने से उत्पन्न शीतलन प्रभाव

(c) 0°C पर 1 टनपानीको 24 घंटेमें 0°C परबर्फमेंजमनेकेलिएप्रशीतनप्रभाव

(डी) एनटीपी स्थितियों में 1 टन बर्फ का उत्पादन करने के लिए प्रशीतन प्रभाव

73] एक प्रशीतन चक्र में अत्यधिक गरम करना

(ए) सीओपी बढ़ाता है

(बी) सीओपीघटजातीहै

(सी) सीओपी अपरिवर्तित रहता है

(डी) अन्य कारक सीओपी तय करते हैं

74] कैबिनेट में उचित प्रशीतन के लिए, यदि कैबिनेट और वायुमंडल के बीच तापमान और वाष्प दबाव का अंतर अधिक है, तो

(ए) बड़े कैबिनेट का इस्तेमाल किया जाना चाहिए

(बी) छोटे कैबिनेट का इस्तेमाल किया जाना चाहिए

(सी) पूरीतरहसेतंगवाष्पमुहरकाइस्तेमालकियाजानाचाहिए

(डी) कम वाष्पीकरण तापमान वाले रेफ्रिजरेंट का उपयोग किया जाना चाहिए

75]सही कथन चुनें

(ए) एक रेफ्रिजरेंट में कम गुप्त गर्मी होनी चाहिए

(बी) यदिसिस्टमकाऑपरेटिंगतापमानकमहै, तोकमक्वथनांकवालेरेफ्रिजरेंटकाउपयोगकियाजानाचाहिए

(सी) प्रीकूलिंग और सबकूलिंग बीएफ रेफ्रिजरेंट समान हैं

(डी) एक] रेफ्रिजरेंट की सुपरहिट और समझदार गर्मी समान होती है

76] डिलीवरी साइड की तुलना में रेफ्रिजरेटिंग यूनिट कंप्रेसर का सक्शन पाइप व्यास है

(ए) बड़ा

(बी) छोटा

(सी) बराबर

(डी) क्षमता के आधार पर छोटा / बड़ा

77]फ्रीऑन रेफ्रिजरेशन सिस्टम में नमी का कारण बनता है

(ए) अप्रभावी प्रशीतन

(बी) उच्च बिजली की खपत

(सी) स्वत: विनियमनवाल्वफ्रीजिंग

(डी) पूरे सिस्टम का क्षरण

78]शुष्क संपीड़न का लाभ यह है कि

(ए) यह उच्च गति का उपयोग करने की अनुमति देता है

(बी) यह बाष्पीकरण में पूर्ण वाष्पीकरण की अनुमति देता है

(सी) इसका परिणाम उच्च मात्रा में और यांत्रिक दक्षता में होता है

(डी) उपरोक्तसभी

79]गलत कथन चुनें

(ए) माध्यमकेठंडाहोनेकातापमानबाष्पीकरणकर्ताकेतापमानसेकमहोनाचाहिए

(बी) रेफ्रिजरेंट कंडेनसर को तरल के रूप में छोड़ देता है

(सी) सभी सौर तापीय रूप से संचालित अवशोषण प्रणाली केवल आंतरायिक संचालन के लिए सक्षम हैं

(डी) बाष्पीकरण पर पाले से गर्मी हस्तांतरण कम हो जाता है

80]एक प्रशीतन चक्र में अंडरकूलिंग

(ए) सीओपीबढ़ाताहै

(बी) सीओएफ घट जाती है

(सी) सीओपी अपरिवर्तित रहता है

(डी) अन्य कारक तय करते हैं

81]उच्च सीओपी प्राप्त करने के लिए, कंप्रेसर की दबाव सीमा होनी चाहिए

(ऊंचा

(बी) कम

(सी) इष्टतम

(डी) कोई मूल्य

(ई) ऐसा कोई मानदंड नहीं है]

82]प्रदर्शन का गुणांक सर्द प्रभाव का अनुपात है

(ए) संपीड़न की गर्मी

(बी) कंप्रेसर द्वारा किया गया कार्य

(सी) कंप्रेसर में थैलेपी वृद्धि

(डी) <u>उपरोक्तसभी</u>

83]सी]ओ]बाष्पीकरण तापमान में वृद्धि के साथ एक प्रशीतन चक्र के पी, कंडेनसर तापमान को स्थिर रखते हुए, होगा

(ए) <u>वृद्धि</u>

(बी) कमी

(सी) अप्रभावित रहना

(डी) इस्तेमाल किए गए रेफ्रिजरेंट के प्रकार के आधार पर बढ़ या घट सकता है

औद्योगिक प्रशिक्षण संस्थान

मासिक टेस्ट-1, अंक- 20, दिनांक:- ____________________

(प्रत्येक प्रश्न दो अंक का होता है)

Q 1) कौन सा घटक सिस्टम में रेफ्रिजरेंट का प्रवाह बनाता है

1) कंप्रेसर

2) बाष्पीकरण करनेवाला

3) कंडेनसर

4) विस्तार वाल्व

क्यू 2) एक भली भांति बंद करके सील किया गया कंप्रेसर चालू होने पर शुरू नहीं होता है और इसकी मोटर गुनगुनाती नहीं है। इसकी वजह हो सकती है....

1) दोषपूर्ण प्रारंभिक संधारित्र

2) ओपन - सर्कुलेटेड मोटर वाइंडिंग

3) कम आपूर्ति वोल्टेज

4) एक जब्त कंप्रेसर _

Q 3) थर्मो-कम्प्रेसर .... पर काम करता है।

1) पास्कल का नियम

2) बर्नौली का सिद्धांत

3) डाल्टन का नियम

4) अवोगाद्रो का नियम

Q 5) रेफ्रिजरेटर में दिया गया कौन सा नियंत्रण कंप्रेसर मोटर वाइंडिंग को क्षति से बचाता है

1) रिले शुरू करना

2) अधिभार रक्षक

3) थर्मोस्टेट

4) उपरोक्त सभी

क्यू 6) अवशोषण प्रशीतन प्रणाली में, वाष्प संपीड़न प्रणाली के कंप्रेसर को ...... द्वारा प्रतिस्थापित किया जाता है।

1) अवशोषक

2) जेनरेटर

3) पंप

4) उपरोक्त सभी

प्र 7) रेफ्रिजरेंट का एक वांछनीय गुण यह है कि इसमें ......

1) कम क्रांतिक तापमान

2) कम विशिष्ट ऊष्मा

3) कम तापीय चालकता

4) कम विद्युत इन्सुलेशन

Q 8) इनमें से किस रेफ्रिजरेंट की सापेक्ष ओजोन विनाश क्षमता सबसे कम है

1) आर - 11

2) आर - 12

3) आर - 22

4)आर - 114

Q 9) एक प्लेट प्रकार के बाष्पीकरण का प्रयोग अक्सर .... में किया जाता है।

1) घरेलू एयर कंडीशनर

2) पेयजल कूलर

3) घरेलू डीह्यूमिडिफायर

4) दो डिब्बे वाला रेफ्रिजरेटर

Q 10) एक घरेलू रेफ्रिजरेटर में, प्रयोग किया जाने वाला एक्सपेंशन वॉल्व ....

1) केशिका ट्यूब

2) लगातार दबाव विस्तार वाल्व

3) थर्मास्टाटिक विस्तार वाल्व

4) फ्लोट वाल्व

Q 23) फाइबरग्लास इंसुलेशन के उत्पादन के लिए प्रयुक्त सामग्री ....

1) कार्बन

2) झांवा

3) जिप्सम

4) सिलिका

औद्योगिक प्रशिक्षण संस्थान

मासिक टेस्ट -2, अंक- 20, तिथि:- _______________

(प्रत्येक प्रश्न दो अंक का होता है)

Q 21) HFC रेफ्रिजरेंट ....

1) आर11

2) आर22

3) आर134ए

4) आर290

Q 22) एक घरेलू रेफ्रिजरेटर की क्षमता लगभग ....

1) 0.1 टन

2) O.5 टन

3) 1.0 टन

4) 1.5 टन

Q 23) फाइबरग्लास इंसुलेशन के उत्पादन के लिए प्रयुक्त सामग्री ....

1) कार्बन

2) झांवा

3) जिप्सम

4) सिलिका

Q 24) घरेलू रेफ्रिजरेटर में जो इंसुलेटिंग सामग्री का उपयोग नहीं किया जाता है वह है .....

1) लकड़ी फाइबर

2) कॉर्क

3) रबड़

4) कांच की ऊन

Q 25) रेफ्रिजरेंट के रूप में अमोनिया का उपयोग करके रेफ्रिजरेशन सिस्टम में रिसाव का पता लगाया जाता है

1) साबुन और पानी

2) सल्फर स्टिक

3) हैलाइड टॉर्च

4) मोमबत्ती जलाना

Q 26) रेफ्रिजरेंट संदूषण का कारण क्या है?

1) रेफ्रिजरेंट में नमी

2) निम्न तेल स्तर

3) उच्च तेल स्तर

4) गैस की कमी

Q 27) एयर कंडीशनिंग में एयर डिफ्यूज़र का कार्य ....

1) स्वच्छ हवा

2) वांछित पैटर्न में प्रत्यक्ष वायु प्रवाह

3) एयर कंडीशनर का शोर कम करें

4) हवा की सापेक्ष आर्द्रता को नियंत्रित करें

Q 28) बाढ़ वाले प्रकार के बाष्पीकरण में, उपयोग किया जाने वाला विस्तार उपकरण .... है।

1) गैर वापसी वाल्व

2) फ्लोट वाल्व

3) थर्मोस्टेटिक डिवाइस

4) स्व-सक्रिय विस्तार वाल्व

Q 29) वोर्टेक्स ट्यूब (गैर पारंपरिक) रेफ्रिजरेटिंग सिस्टम के बारे में कौन सा कथन सही नहीं है

1) यह हवा को रेफ्रिजरेंट के रूप में उपयोग करता है

2) यह वजन में हल्का है

3) इसे कम जगह की आवश्यकता होती है

4) इसमें कई गतिमान भाग होते हैं

Q 30) इनमें से कौन वोर्टेक्स ट्यूब रेफ्रिजरेटिंग सिस्टम के अनुप्रयोग का एक उदाहरण है

1) इलेक्ट्रॉनिक घटकों का स्पॉट कूलिंग

2) खदानों में काम करने वालों का शरीर ठंडा होना

3) उपरोक्त दोनों

4) उपरोक्त में से कोई नहीं

औद्योगिक प्रशिक्षण संस्थान

मासिक टेस्ट-3, अंक- 20, दिनांक:- ____________________

(प्रत्येक प्रश्न दो अंक का होता है)

क्यू 41) कंडेनसर की गर्मी अस्वीकृति क्षमता निम्नलिखित से प्रभावित होती है, सिवाय

1) संघनित्र पर होने वाला अधिकतम दाब

2) कंडेनसर में कूलिंग मीडिया की प्रवाह दर

3) रेफ्रिजरेंट और कूलिंग मीडिया के बीच तापमान का अंतर

4) कंडेनसर में रेफ्रिजरेंट के प्रवाह की दर

Q 42) यदि रेफ्रिजरेंट की प्रवाह दर अधिक है, तो आप कौन सा कंप्रेसर चुनेंगे

1) पारस्परिक कंप्रेसर

2) केन्द्रापसारक कंप्रेसर

3) स्क्रू कंप्रेसर

4) रोटरी कंप्रेसर

क्यू 43) कूलिंग टॉवर का प्रदर्शन इन कारकों से काफी प्रभावित होता है, सिवाय .....

1) दृष्टिकोण

2) गीले बल्ब का तापमान

3) रेंज

4) टीडीएस

Q 44) कूलिंग टॉवर के अंदर, हवा और पानी के बीच संपर्क सतह और संपर्क समय को बढ़ाने के लिए एक सामग्री डाली जाती है। इस सामग्री को क्या कहा जाता है

1) सम्मिलित करें

2 पैक

3) भरें

4) कोर

Q 45) वायरस और बैक्टीरिया से छुटकारा पाने के लिए जिन कीटाणुनाशकों का इस्तेमाल किया जा सकता है, वे हैं:

1) क्लोरीन और पानी

2) क्लोरीन और ओजोन

3) पराबैंगनी प्रकाश और वायु

4) पराबैंगनी प्रकाश और पानी

क्यू 46) छोटे बाष्पीकरणकर्ताओं के लिए जहां इस्तेमाल किया जाने वाला रेफ्रिजरेंट अमोनिया के अलावा होता है, इस्तेमाल की जाने वाली टयूबिंग किससे बनी होती है।

1) स्टील

2) तांबा

3) पीतल

4) कांस्य

क्यू 47) कंडेनसर फिन को एक नली से साफ करने की सिफारिश क्यों नहीं की जाती है

1) पानी गंदगी को कीचड़ में बदल देगा जिसे साफ करना मुश्किल होगा

2) पानी से पंखों में बहुत जल्दी जंग लग जाएगी

3) नली का उपयोग करना बुरा नहीं है। सिफारिश को स्वीकार करने की आवश्यकता नहीं है

4) नली का उपयोग करने से शायद ही पंखों को कोई नुकसान होता है

क्यू 48) कंप्रेसर में प्रवेश करने वाले रेफ्रिजरेंट के लिए थोड़ा अधिक गरम होना क्यों वांछनीय है?

1) रेफ्रिजरेंट तेल को कंप्रेसर से बाहर निकलने से रोकने के लिए

2) वाष्प रेफ्रिजरेंट को कंप्रेसर में प्रवेश करने से रोकने के लिए

3) कंप्रेसर को गर्म रखने के लिए

4) तरल रेफ्रिजरेंट को कंप्रेसर में प्रवेश करने से रोकने के लिए

Q 50) HVAC प्रणाली का उद्देश्य .... को नियंत्रित करना है।

1) केवल तापमान और आर्द्रता

2) बाहरी हवा की आपूर्ति

3) वायु निस्पंदन और कब्जे वाले स्थानों में इसकी आवाजाही

4) उपरोक्त सभी

क्यू 52) हीट लोड कैलकुलेशन के अनुसार एसी II टियर रेलवे कोच का लोड लगभग ....

1) 4 टन

2) 14 टन

3) 12 टन

4)16 टन

औद्योगिक प्रशिक्षण संस्थान

मासिक टेस्ट -4, अंक- 20, दिनांक:- ______________

(प्रत्येक प्रश्न दो अंक का होता है)

क्यू 61) ______________ रेफ्रिजरेशन कैबिनेट के अंदर के तापमान को नियंत्रित करता है।

1) थर्मोस्टेट स्विच

2) स्प्लिट फेज मोटर

3) रिले

4) अधिभार रक्षक

Q 63) कंप्रेसर की इनमें से कौन सी क्षमता नियंत्रण विधियों को सिलेंडर अनलोडर के रूप में भी जाना जाता है?

1) कई इकाइयों का उपयोग

2) गति मॉडुलन

3) गर्म गैस बाईपास

4) ऑन ऑफ कंट्रोल

Q 65) वायुमंडल में एक किलोग्राम शुष्क हवा में मौजूद जलवाष्प की मात्रा को ________ कहा जाता है।

1) विशिष्ट आर्द्रता

2) वायु संतृप्ति

3) नम बिंदु

4) शुष्क द्रव्यमान

Q 66) जब हवा संतृप्त अवस्था में होती है, तो वेट बल्ब डिप्रेशन का मान ________ होता है

1) शून्य

2) नकारात्मक

3) अधिकतम

4) एकता

Q 67) मानव आराम को बनाए रखने के लिए, वायु स्तरीकरण का मूल्य __________ रखा जाना चाहिए

1) न्यूनतम

2) अधिकतम

3) अनंत

4) नकारात्मक

Q 68) निम्नलिखित में से कौन सा तथ्य कठोर वाहिनी के बारे में गलत है

1) लचीला

2) महँगा

3) भारी

4) वाटर प्रूफ

Q 70) सेंसिबल हीट लोड सेंसिबल लोड, ______________ और ________ का उत्पाद है

1) गर्मी संचरण कारक, तापमान

2) गुप्त ऊष्मा, ताप

3) तापमान अंतर, द्रव्यमान

4) ऊष्मा संचरण कारक, द्रव्यमान

1]गलत बयान उठाओ] एक रेफ्रिजरेंट में होना चाहिए

(ए) तरल की टो विशिष्ट गर्मी

(बी) उच्च उबलते बिंदु

(सी) वाष्पीकरण की उच्च गुप्त गर्मी

(डी) उच्च महत्वपूर्ण तापमान

Q 2) स्थिर दबाव पर, गैस के तापमान के अनुसार आयतन बदलता रहता है। यह बयान है......

1)बॉयल का नियम

2) चार्ल्स लॉ

3) जूल-थॉम्पसन प्रभाव

4) डाल्टन का नियम

Q 3) एक टन रेफ्रिजरेशन =...............

1) 45.5 किलो कैलोरी मिन।

2) 50.4 किलो कैलोरी मिन।

3) 44.5 किलो कैलोरी मिन।

4) 66.5 किलो कैलोरी मिन

औद्योगिक प्रशिक्षण संस्थान

मासिक टेस्ट -5, अंक- 20, तिथिः- ______________

(प्रत्येक प्रश्न दो अंक का होता है)

2]एक मानक बर्फ बिंदु तापमान के तापमान से मेल खाता है

(ए) 0 डिग्री सेल्सियस पर पानी

(बी) 4 डिग्री सेल्सियस पर बर्फ

(सी) ठोस और सूखी बर्फ

(ई) संतुलन की स्थिति में बर्फ और पानी का मिश्रण]

3]वाष्प संपीड़न प्रशीतन कुछ ऐसा है जो पसंद करता है

(ए) कार्नोट चक्र

(बी) रैंकिन चक्र

(सी) उलट कैमोट चक्र

(ई) उपरोक्त में से कोई नहीं]

4]निम्नलिखित में से कौन सा चक्र हवा को रेफ्रिजरेंट के रूप में उपयोग करता है

(ए) एरिक्सन

(बी) स्टर्लिंग

(सी) कार्नो

(डी) बेलकोलमैन

5]अमोनिया अवशोषण प्रशीतन चक्र की आवश्यकता है

(ए) बहुत कम काम इनपुट

(बी) अधिकतम कार्य इनपुट

(सी) वाष्प संपीड़न चक्र के लिए लगभग समान कार्य इनपुट

(डी) शून्य कार्य इनपुट

6]प्रशीतन की अवशोषण प्रणाली की एक महत्वपूर्ण विशेषता है

(ए) शोर संचालन

(बी) शांत संचालन

(सी) 0 डिग्री सेल्सियस से नीचे ठंडा करना

(डी) बहुत कम बिजली की खपत

8]क्लैपेरॉन समीकरण के बीच संबंध है

(ए) तापमान, दबाव और थैलेपी

(बी) विशिष्ट मात्रा और थैलेपी

(सी) तापमान और थैलेपी

(ई) तापमान, दबाव, विशिष्ट मात्रा और 'एंथैल्पी]

19]क्लैपेरॉन समीकरण यहां पंजीकरण के लिए लागू है

(ए) वाष्प का संतृप्ति बिंदु

(बी) तरल का संतृप्ति बिंदु

(सी) उच्च बनाने की क्रिया तापमान

(डी) ट्रिपल प्वाइंट

(ई) महत्वपूर्ण बिंदु]

10] वाष्प संपीडन चक्र में, रेफ्रिजरेंट की स्थिति संतृप्त तरल होती है

(ए) कंडेनसर से गुजरने के बाद

(बी) संघनित्र से गुजरने से पहले

(सी) विस्तार थ्रॉटल वाल्व से गुजरने के बाद

(डी) विस्तार वाल्व में प्रवेश करने से पहले

11] वाष्प संपीड़न चक्र में, रेफ्रिजरेंट की स्थिति बहुत गीली वाष्प होती है

(ए) कंडेनसर से गुजरने के बाद

(बी) कंडेनसर से गुजरने से पहले

(सी) विस्तार या थ्रॉटल वाल्व से गुजरने के बाद

(ई) कंप्रेसर में प्रवेश करने से पहले

12] वाष्प संपीड़न चक्र में, रेफ्रिजरेंट की स्थिति उच्च दाब संतृप्त तरल होती है

(ए) कंडेनसर से गुजरने के बाद

(बी) कंडेनसर से गुजरने से पहले

(सी) विस्तार या थियोटल वाल्व से गुजरने के बाद

(डी) विस्तार वाल्व में प्रवेश करने से पहले

औद्योगिक प्रशिक्षण संस्थान

मासिक टेस्ट -6, अंक- 20, तिथि:- _______________

(प्रत्येक प्रश्न दो अंक का होता है)

Q 31) पानी की अस्थाई कठोरता को .... द्वारा दूर किया जाता है।

1) छानना

2) उबालना

3) रासायनिक उपचार

4) उपरोक्त में से कोई नहीं

Q 32) प्राकृतिक ड्राफ्ट कूलिंग टावर्स मुख्य रूप से .... में उपयोग किए जाते हैं

1) इस्पात संयंत्र

2) पावर स्टेशन

3) उर्वरक पौधे

4) एल्युमीनियम निर्माण संयंत्र

Q 33) बड़ी वस्तुओं को हटाने के लिए पानी के पूर्व उपचार में किसका प्रयोग किया जाता है?

1) बैक्टीरिया

2) तेल और ग्रीस

3) वायु

4) स्क्रीन

Q 34) बाष्पीकरण में रेफ्रिजरेंट .... पर प्रवेश करता है

1) बहुत कम दबाव

2) कम दबाव

3) मध्यम दबाव

4) उच्च दबाव

Q 35) बड़े रेफ्रिजरेशन और सेंट्रल एयर कंडीशनिंग सिस्टम में इस्तेमाल होने वाले बाष्पीकरण का प्रकार है

1) शैल और ट्यूब बाष्पीकरणकर्ता

2) फिनेड बाष्पीकरणकर्ता

3) प्लेट सतह बाष्पीकरणकर्ता

4) बेयर ट्यूब बाष्पीकरणकर्ता

Q 36) बर्फ के डिब्बे को ऊंचाई में पतला क्यों बनाया जाता है?

1)वजन कम करने के लिए

2) डंपिंग की सुविधा के लिए

3) उपस्थिति में सुधार करने के लिए

4) निर्माण को आसान बनाने के लिए

Q 37) आपेक्षिक आर्द्रता मापने के लिए प्रयोग किया जाने वाला उपकरण ....

1) बैरोमीटर

2) साइक्रोमीटर

3) मैनोमीटर

4) दबाव नापने का यंत्र

Q 38) यांत्रिक प्रशीतन इकाई के उच्च दाब पक्ष पर दाब कहलाता है

1) चूषण दबाव

2) निर्वहन या सिर का दबाव

3) विभेदक दबाव

4) पूर्ण दबाव

Q 42) सूखे बल्ब का तापमान (DBT) .... का वास्तविक तापमान होता है।

1) नम हवा

2) शुष्क हवा

3) सूखी बर्फ

4) संतृप्त हवा

Q 43) AHU का मतलब ....

1) एयर हैंडलिंग यूनिट

2) एयर हीटिंग यूनिट

3) एयर ह्यूमिडिफाइंग यूनिट

4) इनमें से कोई नहीं

औद्योगिक प्रशिक्षण संस्थान

मासिक टेस्ट-7, अंक- 20, दिनांक:- ____________________

(प्रत्येक प्रश्न दो अंक का होता है)

22] गैर-संघनन योग्य गैसों की उपस्थिति के कारण संघनन दबाव, गैर-संघनन योग्य गैसों के बिना संघनक तापमान के लिए वास्तव में आवश्यक की तुलना में

(ए) उच्च होगा

(बी) कम होगा

(सी) अप्रभावित रहेगा

(डी) गैर-संघननीय गैसों की प्रकृति के आधार पर उच्च या निम्न हो सकता है

23]एक तरल का महत्वपूर्ण दबाव दबाव है

(ए) जिसके ऊपर तरल तरल रहेगा

(बी) जिसके ऊपर तरल गैस बन जाता है

(सी) जिसके ऊपर तरल वाष्प बन जाता है

(डी) जिसके ऊपर तरल ठोस हो जाता है

24]गंभीर तापमान' वह तापमान है जिसके ऊपर

(ए) एक गैस कभी तरल नहीं होगी

(बी) एक गैस तुरंत तरल हो जाएगी

(सी) पानी वाष्पित हो जाएगा

(डी) पानी कभी वाष्पित नहीं होगा

25]रेफ्रिजरेटर के लिए रेफ्रिजरेंट में होना चाहिए

(ए) उच्च समझदार गर्मी

(बी) उच्च कुल गर्मी फ्लूइड

(सी) उच्च गुप्त गर्मी

(डी) कम गुप्त गर्मी

26]घरेलू रेफ्रिजरेटर की रेटिंग के क्रम की है

(ए)0]1 टन

(बी) 5 टन

(सी) 10 टन

(डी) 40 टन

27]घरेलू रेफ्रिजरेटर का सीओपी

(ए) 1 . से कम है

(बी) 1 . से अधिक है

(सी) 1 . के बराबर है

(डी) मेक . पर निर्भर करता है

28]घरेलू रेफ्रिजरेटर निम्न प्रकार के कंप्रेसर का उपयोग करता है

(ए) केन्द्रापसारक

(बी) अक्षीय

(सी) लघु मुहरबंद इकाई

(डी) पिस्टन प्रकार पारस्परिक

29]रेफ्रिजरेंट में नमी की उपस्थिति किसकी कार्यप्रणाली को प्रभावित करती है?

(ए) कंप्रेसर

(बी) कंडेनसर

(सी) बाष्पीकरण

(डी) विस्तार वाल्व]

30]हवाई जहाज में रेफ्रिजरेशन आमतौर पर निम्नलिखित रेफ्रिजरेंट का उपयोग करता है

(ए) सीओ 2

(बी) फ्रीऑन 11

(सी) फ्रीन 22

(डी) एयर

31]वाष्प संपीड़न चक्र पर काम करने वाला घरेलू रेफ्रिजरेटर निम्नलिखित प्रकार के विस्तार उपकरण का उपयोग करता है

(ए) विद्युत संचालित थ्रॉटलिंग वाल्व

(बी) मैन्युअल रूप से संचालित वाल्व

(सी) थर्मास्टाटिक वाल्व

(डी) केशिका ट्यूब

औद्योगिक प्रशिक्षण संस्थान

मासिक टेस्ट -8, अंक- 20, तिथि:- _______________

(प्रत्येक प्रश्न दो अंक का होता है)

41]अवशोषण प्रणाली आम तौर पर निम्नलिखित रेफ्रिजरेंट का उपयोग करती है

(ए) फ्रीन 11

(बी) फ्रीन 22

(सी) सी02

(ई) अमोनिया]

42] लिक्विड रेफ्रिजरेंट को सब-कूलिंग करने के उद्देश्यों में से एक है:

(ए) कंप्रेसर ओवरहीटिंग को कम करें

(बी) कंप्रेसर डिस्चार्ज तापमान को कम करें

(सी) शीतलन प्रभाव में वृद्धि

(डी) सुनिश्चित करें कि केवल तरल और वाष्प विस्तार (थ्रॉटलिंग) वाल्व में प्रवेश नहीं करता है

43] वाष्प संपीड़न चक्र में COP का मान आमतौर पर होता है

(ए) हमेशा एकता से कम

(बी) हमेशा एकता से अधिक

(सी) एकता के बराबर

(डी) उपरोक्त में से कोई एक

44] एक प्रशीतन प्रणाली में, अस्वीकृत गर्मी की तुलना में अवशोषित गर्मी है

(ए) अधिक

(आशीर्वाद देना

(सी) वही

(डी) छोटी क्षमता के लिए अधिक और उच्च क्षमता के लिए कम

45] एक रेफ्रिजरेटर में संघनक तापमान तापमान है

(ए) शीतलन माध्यम का

(बी) ठंड क्षेत्र का

(सी) बाष्पीकरण का

(डी) जिस पर रेफ्रिजरेंट गैस तरल हो जाती है

46] रेफ्रिजरेटर में बाष्पीकरण करने वाले पर पाले का बनना

(ए) खराब गर्मी हस्तांतरण के कारण गर्मी का नुकसान होता है

(बी) गर्मी हस्तांतरण दर बढ़ जाती है

(सी) सारहीन है

(डी) उचित डिजाइन से बचा जा सकता है

47] रेफ्रिजरेटर में, वाष्पित होने वाले रेफ्रिजरेंट और ठंडा होने वाले माध्यम के बीच तापमान का अंतर होना चाहिए

(ए) उच्च, 25 डिग्री . के क्रम का

(बी) जितना संभव हो उतना कम (3 से 11 डिग्री सेल्सियस)

(सी) शून्य

(डी) कोई मूल्य

48]एक बाढ़ वाले बाष्पीकरण रेफ्रिजरेटर में, कंप्रेसर के चूषण पर एक संचायक का उपयोग किया जाता है

(ए) तरल रेफ्रिजरेंट इकट्ठा करें और इसे कंप्रेसर में जाने से रोकें

(बी) वाष्प में तरल का पता लगाएं

(सी) वाष्प को सुपरहिट करें

(डी) वाष्प इकट्ठा

49]संचारकों के पास रेफ्रिजरेंट चार्ज को कम से कम स्टोर करने के लिए पर्याप्त मात्रा में होना चाहिए

(ए) 10%

(बी) 25%

(सी) 50%

(डी) 75%

50]कम तापमान और दबाव पर, एक रेफ्रिजरेंट के वाष्पीकरण की गुप्त गर्मी

(ए) घटता है

(बी) बढ़ता है

(सी) वही रहता है

(डी) अन्य कारकों पर निर्भर करता है

औद्योगिक प्रशिक्षण संस्थान

मासिक टेस्ट-9, अंक- 20, दिनांक:- ____________________

(प्रत्येक प्रश्न दो अंक का होता है)

51] एक प्रशीतन चक्र + 27 डिग्री सेल्सियस के कंडेनसर तापमान और 23 डिग्री सेल्सियस के बाष्पीकरण तापमान के बीच संचालित होता है] चक्र के प्रदर्शन का गुणांक नहीं होगा

(ए)0]2

(बी)1]2

(सी) 5

(डी) 6

52]निम्नलिखित में से कौन एक रेफ्रिजरेंट की वांछनीय संपत्ति नहीं है

(ए) तेल के साथ उच्च त्रिकोणीयता

(बी) कम उबलते बिंदु

(सी) अच्छा विद्युत कंडक्टर

(डी) बड़ी गुप्त गर्मी

53]वाष्प संपीड़न प्रशीतन प्रणाली में, रेफ्रिजरेंट तरल के रूप में होता है

(ए) कंडेनसर और विस्तार वाल्व

(बी) कंप्रेसर और बाष्पीकरणकर्ता

(सी) विस्तार वाल्व और बाष्पीकरणकर्ता

(डी) कंप्रेसर और कंडेनसर

54]अमोनिया अवशोषण प्रणाली में एक माध्यम से दूसरे माध्यम में गर्मी छोड़ने के बारे में सही कथन चुनें

(ए) कमजोर समाधान के लिए मजबूत समाधान

(बी) मजबूत समाधान के लिए कमजोर समाधान

(सी) अमोनिया वाष्प के लिए मजबूत समाधान

(डी) कमजोर समाधान के लिए अमोनिया वाष्प

55]कॉर्नोट इंजन की दक्षता 80% के रूप में दी गई है] यदि चक्र की दिशा उलट दी जाती है, तो उलटे कार्नोट चक्र के सीओपी का मूल्य क्या होगा

(ए)1]25

(बी)0]8

(सी)0]5

(डी) 0]25

56]प्रशीतन प्रणाली में आने वाला उच्चतम दबाव होना चाहिए

(ए) रेफ्रिजरेंट का महत्वपूर्ण दबाव

(बी) महत्वपूर्ण दबाव से काफी नीचे

(सी) महत्वपूर्ण दबाव से काफी ऊपर

(डी) महत्वपूर्ण दबाव के पास

57] यदि एक ताप पंप चक्र +27°C के कंडेनसर तापमान और 23°C के बाष्पीकरण तापमान के बीच संचालित होता है, तो Carnot COP होगा

(ए)0]2

(बी)1]2

(सी) 5

(डी) 6

58] एक निश्चित रेफ्रिजरेटिंग सिस्टम में 10 किग्रा/सेमी गेज का सामान्य ऑपरेटिंग चूषण दबाव और लगभग 67 किग्रा/सेमी का संघनक दबाव होता है] इस्तेमाल किया जाने वाला रेफ्रिजरेंट है

(ए) अमोनिया

(बी) कार्बन डाइऑक्साइड

(सी) फ्रीऑन

(डी) ब्राइन

59]एक्वा अमोनिया का उपयोग निम्नलिखित प्रकार के रेफ्रिजरेशन सिस्टम में रेफ्रिजरेंट के रूप में किया जाता है:

(ए) संपीड़न

(बी) प्रत्यक्ष

(सी) अप्रत्यक्ष

(डी) अवशोषण

60]यदि किसी पौधे का बाष्पीकरण तापमान कम किया जाता है, तो कंडेनसर तापमान को स्थिर रखते हुए, h]p] कंप्रेसर की आवश्यकता होगी

(ए) वही

(बी) अधिक

(सी) कम

(डी) रेटिंग के आधार पर अधिक / कम

औद्योगिक प्रशिक्षण संस्थान

मासिक टेस्ट-10, अंक- 20, दिनांक:- ____________________

(प्रत्येक प्रश्न दो अंक का होता है)

61] एक प्रशीतन चक्र में, रेफ्रिजरेंट के प्रवाह को नियंत्रित किया जाता है

(ए) कंप्रेसर

(बी) कंडेनसर

(सी) बाष्पीकरणकर्ता

(डी) विस्तार वाल्व

62]वाष्प संपीडन चक्र में सबसे कम तापमान कहाँ होता है?

(ए) कंडेनसर

(बी) बाष्पीकरणकर्ता

(सी) कंप्रेसर

(डी) विस्तार वाल्व

63]फ्रीन का उपयोग कर एक प्रशीतन प्रणाली में रिसाव का पता लगाया जाता है

(ए) हलाइड मशाल जो पता लगाने पर हरी लौ प्रकाश उत्पन्न करती है

(बी) सल्फर की छड़ें जो पता लगाने पर सफेद धुआं देती हैं

(सी) अभिकर्मकों का उपयोग करना

(डी) महक

64]गलत कथन को सुधारें

(ए) वाष्प अवशोषण चक्र में प्रयुक्त लिथियम ब्रोमाइड गैर-वाष्पशील है

(बी) लिथियम ब्रोमाइड संयंत्र 0 डिग्री सेल्सियस से नीचे काम नहीं कर सकता

(सी) लिथियम ब्रोमाइड संयंत्र में अवांछित जल वाष्प को संघनित करके हटाने के लिए एक विभाजक का उपयोग किया जाता है

(डी) लिथियम ब्रोमाइड जनरेटर से निकलने वाले समाधान की एकाग्रता जनरेटर में प्रवेश करने की तुलना में अधिक है

66] समान प्रशीतन भार और समान तापमान सीमा के लिए Freon12 की तुलना में NH3 का द्रव्यमान प्रवाह अनुपात किस क्रम का है

(ए)1: 1

(बी)1 :9

(सी) 9: 1

(डी)1 : 3

67]फ्रीन समूह के रेफ्रिजरेंट हैं

(ए) ज्वलनशील

(बी) विषाक्त

(सी) गैर ज्वलनशील और विषाक्त

(ई) गैर-विषैले और गैर-ज्वलनशील]

68 अमोनिया is

(ए) गैर-विषैले

(बी) गैर ज्वलनशील

(सी) विषाक्त और गैर ज्वलनशील

(डी) अत्यधिक विषाक्त और ज्वलनशील

69] NH3 को रेफ्रिजरेंट के रूप में इस्तेमाल करते हुए वाष्प संपीड़न चक्र में, प्रारंभिक चार्ज पर भरा जाता है

(ए) कंप्रेसर का चूषण

(बी) कंप्रेसर की डिलीवरी

(सी) रिसीवर के करीब उच्च दबाव पक्ष

(डी) रिसीवर के पास कम दबाव पक्ष

70]प्रेशरथैल्पी चार्ट शो पर छोटी क्षैतिज रेखाएं

(ए) निरंतर दबाव रेखाएं

(बी) निरंतर तापमान रेखाएं

(सी) निरंतर कुल गर्मी रेखाएं

(डी) निरंतर एन्ट्रॉपी लाइनें

71] दाब एन्थैल्पी आरेख में संघनन और असुपरहीटिंग को एक क्षैतिज रेखा द्वारा निरूपित किया जाता है क्योंकि प्रक्रिया

(ए) मात्रा में कोई परिवर्तन शामिल नहीं है

(बी) स्थिर तापमान पर होता है

(सी) निरंतर एन्ट्रॉपी पर होता है

(ई) निरंतर दबाव में होता है]

औद्योगिक प्रशिक्षण संस्थान

मासिक टेस्ट-11, अंक- 20, दिनांक:- ________________

(प्रत्येक प्रश्न दो अंक का होता है)

72]एक टन रेफ्रिजरेशन है

(ए) प्रशीतन समस्याओं में प्रयुक्त मानक इकाई

(बी) 1 टन बर्फ पिघलने से उत्पन्न शीतलन प्रभाव

(c) 24 घंटे में 0°C पर 1 टन पानी को 0°C पर बर्फ में जमने के लिए प्रशीतन प्रभाव

(डी) एनटीपी स्थितियों में 1 टन बर्फ का उत्पादन करने के लिए प्रशीतन प्रभाव

73] एक प्रशीतन चक्र में अत्यधिक गरम करना

(ए) सीओपी बढ़ाता है

(बी) सीओपी घट जाती है

(सी) सीओपी अपरिवर्तित रहता है

(डी) अन्य कारक सीओपी तय करते हैं

74] कैबिनेट में उचित प्रशीतन के लिए, यदि कैबिनेट और वायुमंडल के बीच तापमान और वाष्प दबाव का अंतर अधिक है, तो

(ए) बड़े कैबिनेट का इस्तेमाल किया जाना चाहिए

(बी) छोटे कैबिनेट का इस्तेमाल किया जाना चाहिए

(सी) पूरी तरह से तंग वाष्प मुहर का इस्तेमाल किया जाना चाहिए

(डी) कम वाष्पीकरण तापमान वाले रेफ्रिजरेंट का उपयोग किया जाना चाहिए

75]सही कथन चुनें

(ए) एक रेफ्रिजरेंट में कम गुप्त गर्मी होनी चाहिए

(बी) यदि सिस्टम का ऑपरेटिंग तापमान कम है, तो कम क्वथनांक वाले रेफ्रिजरेंट का उपयोग किया जाना चाहिए

(सी) प्रीकूलिंग और सबकूलिंग बीएफ रेफ्रिजरेंट समान हैं

(डी) एक] रेफ्रिजरेंट की सुपरहिट और समझदार गर्मी समान होती है

76] डिलीवरी साइड की तुलना में रेफ्रिजरेटिंग यूनिट कंप्रेसर का सक्शन पाइप व्यास है

(ए) बड़ा

(बी) छोटा

(सी) बराबर

(डी) क्षमता के आधार पर छोटा / बड़ा

77]फ्रीऑन रेफ्रिजरेशन सिस्टम में नमी का कारण बनता है

(ए) अप्रभावी प्रशीतन

(बी) उच्च बिजली की खपत

(सी) स्वचालित विनियमन वाल्व को ठंडा करना

(डी) पूरे सिस्टम का क्षरण

78]शुष्क संपीड़न का लाभ यह है कि

(ए) यह उच्च गति का उपयोग करने की अनुमति देता है

(बी) यह बाष्पीकरण में पूर्ण वाष्पीकरण की अनुमति देता है

(सी) इसका परिणाम उच्च मात्रा में और यांत्रिक दक्षता में होता है

(D। उपरोक्त सभी

79]गलत कथन चुनें

(ए) माध्यम के ठंडा होने का तापमान बाष्पीकरणकर्ता के तापमान से कम होना चाहिए

(बी) रेफ्रिजरेंट कंडेनसर को तरल के रूप में छोड़ देता है

(सी) सभी सौर तापीय रूप से संचालित अवशोषण प्रणाली केवल आंतरायिक संचालन के लिए सक्षम हैं

(डी) बाष्पीकरण पर पाले से गर्मी हस्तांतरण कम हो जाता है

80]एक प्रशीतन चक्र में अंडरकूलिंग

(ए) सीओपी बढ़ाता है

(बी) सीओएफ घट जाती है

(सी) सीओपी अपरिवर्तित रहता है

(डी) अन्य कारक तय करते हैं

81]उच्च सीओपी प्राप्त करने के लिए, कंप्रेसर की दबाव सीमा होनी चाहिए

(ऊंचा

(फुंक मारा

(सी) इष्टतम

(डी) कोई मूल्य

मासिक टेस्ट-12, अंक- 20, दिनांक:- ____________________

(प्रत्येक प्रश्न दो अंक का होता है)

Q 62) पारस्परिक कम्प्रेसर की तुलना में केन्द्रापसारक कम्प्रेसर की दक्षता है

1) उच्च

2) कम

3) बराबर

4) कम या बराबर

Q 63) निम्नलिखित में से कौन सा कम्प्रेसर मुख्य रूप से रेफ्रिजरेंट द्रव के लिए सबसे उपयुक्त माना जाता है

1) स्क्रॉल कंप्रेसर

2) भली भांति बंद करके सील कंप्रेसर

3) स्वाश प्लेट कंप्रेसर

4) वोबल प्लेट कंप्रेसर

Q 64) वेट कम्प्रेशन ______________ कंप्रेसर दक्षता।

1) बढ़ता है

2) घटता है

3) आधा

4) पर कोई प्रभाव नहीं पड़ता

Q 65) एयर कूल्ड कंडेनसर की तुलना में वाटर कूल्ड कंडेनसर में ______________ हीट ट्रांसफर रेट होता है।

1) उच्च

2) कम

3) बराबर

4) कम या बराबर

Q 66) इनमें से कौन एक टैंक के आकार का उपकरण है जिसका उपयोग रेफ्रिजरेशन में लिक्विड रेफ्रिजरेंट को स्टोर करने के लिए किया जाता है

1) तरल रिसीवर

2) कंडेनसर

3) कंप्रेसर तेल चार्जिंग पंप

4) बाष्पीकरणकर्ता

Q 67) कंप्रेसर रेफ्रिजरेंट को उच्च दबाव में ___________ तक संपीड़ित करता है

1) तापमान में वृद्धि

2) रेफ्रिजरेंट को गर्म करें

3) तापमान कम करें

4) रेफ्रिजरेंट को संघनित करें

Q 68) कंडेनसर में हवा और पानी दोनों का उपयोग शीतलन माध्यम के रूप में किया जाता है।

1) बाष्पीकरणीय

2) खोल और ट्यूब

3) खोल और कुंडल

4) एयर कूल्ड

Q 69) प्लेट सतह बाष्पीकरण का उपयोग ____________ में नहीं किया जाता है

1) खाद्य प्रसंस्करण उद्योग

2)आइसक्रीम कैबिनेट -

3) घरेलू रेफ्रिजरेटर

4) फ्रीजर

Q 70) बाष्पीकरणकर्ता से प्राप्त रेफ्रिजरेंट में मौजूद तरल रेफ्रिजरेंट की मात्रा को कंडेनसर में प्रवेश करने से रोकने के लिए, ____________ को बाष्पीकरणकर्ता और कंप्रेसर के बीच जोड़ा जाता है।

1) संचायक

2) सुपरहीटर

3) बोतल कूलर

4) वाटर कूलर

Q 71) रिवर्स साइकिल डीफ्रॉस्टिंग में, बाष्पीकरणकर्ता _________ की तरह काम करता है।

1) कंडेनसर

2) बाष्पीकरणकर्ता ही

3) विस्तार वाल्व

4) संचयक

www.ingramcontent.com/pod-product-compliance
Ingram Content Group UK Ltd.
Pitfield, Milton Keynes, MK11 3LW, UK
UKHW021921190726
13853UKWH00002B/782